L'EXPÉRIENCE MORALE

L'EXPÉRIENCE MORALE

PAR

F. RAUH

Professeur adjoint à la Sorbonne

TROISIEME EDITION
AUGMENTEE D'UN APPENDICE

PARIS
LIBRAIRIE FELIX ALCAN
108, BOULEVARD SAINT-GERMAIN, 108
1926

PRÉFACE DE LA DEUXIÈME ÉDITION

J'avais commencé à revoir ce livre en vue de cette seconde édition. Sur le conseil d'amis, je me suis décidé à le rééditer à peu près sans changement. Ce n'est pas que je n'en voie aussi nettement que personne les insuffisances. Mais je crois que, tel quel, il a rendu et peut rendre encore quelque service. D'autre part, c'est une œuvre toujours difficile et souvent vaine que de corriger un travail déjà ancien. Il vaut mieux faire neuf, et sur de nouveaux plans.

Je crois aujourd'hui encore qu'il n'a pas été inutile, au moment où tendait à se constituer la science de la *réalité* ou de la *nature* morale, de donner l'idée d'une technique prolongeant la science, mais, dans une certaine mesure, autonome. Les règles de conduite ne peuvent se déduire directement et en quelque sorte linéairement d'une sociologie, comme si entre l'action et la courbe sociale devaient seulement s'intercaler quelques corrections, quelques adaptations exigées par la complexité des circonstances. A mi-chemin de la science et de l'action, il y a place pour une psychologie du sentiment et de l'action honnêtes.

Je sais que pour beaucoup de personnes, cela va sans dire. Mais il est toujours dangereux d'user de prétéritions. En fait, les livres des sociologues prétendent aboutir à des conclusions pratiques. Or il est arrivé qu'au nom d'une histoire sociale à vol d'oiseau, ou d'aigle — selon les auteurs — on nous a présenté des préceptes moraux qui auraient eu besoin pour se justifier d'études et d'analyses d'un tout autre ordre et d'une précision autrement *directe*. Je suis convaincu que le point de départ de toute recherche morale est la *science des mœurs*, qu'il n'y a pas à chercher au-delà de fondement métaphysique de la morale, quel qu'il soit, et que les progrès de cette science feront la place de jour en jour plus étroite à l'*impressionisme* moral. Mais une science objective quelconque se complète par un art. Or l'art moral, c'est ici une certaine façon de traiter le sentiment moral (1). De ce point de vue, à l'étude des forces morales inconscientes, et des consciences considérées comme des forces parmi des forces, se superpose l'analyse des consciences elles-mêmes. Nous sommes ici dans un autre plan. J'oserai presque dire que la morale commence par là science impersonnelle pour aboutir à la chronique, à la polémique, aux personnalités, et cela non pas seulement pour adapter à des

---

(1). Il vaut mieux désigner par le mot d'*art* la technique morale. Ce changement de terminologie n'infirme, au reste, en rien les conclusions de notre dernier chapitre sur l'*attitude morale scientifique*.

circonstances contingentes des principes absolus établis par ailleurs, mais pour établir les principes même de l'action. Il y a là de quoi faire sourire ceux qui imaginent les principes comme des momies royales silencieusement préparées dans les sanctuaires des cabinets d'études. Cela étonnera moins ceux qui ont observé les militants d'une cause ou d'une idée dans l'action où ils forgent leurs règles de vie. Ne confondons pas avec le savant, — un homme d'action lui aussi — le professeur disert qui expose derrière une vitrine bien nette les doctrines bien étiquetées et soigneusement brossées de façon qu'il n'y reste pas un grain de cette poussière que soulève toute bataille.

Je crois particulièrement important de travailler dans ce sens à l'heure présente. Sans doute l'homme a le besoin le plus pressant de réapprendre la discipline collective, le sens social. Le mysticisme actuel, l'égotisme, le Kantisme universitaire, sont les formes diverses d'un individualisme, qui, n'ayant pas trouvé le milieu naturel et seul respirable pour l'homme, le milieu social et humain, s'use et s'anémie dans la contemplation d'un cadre vide, ou dans la poursuite de l'*ombre d'une ombre*. Mais l'individu moderne recrée sans cesse la société, comme le primitif, par le sacrifice, ressuscite son Dieu. Il est essentiel dès lors que dès l'enfance on ne tarisse pas dans les consciences, surtout dans les consciences françaises, la source de l'invention et de l'action. Qu'on y prenne garde : la traduction en langage pédagogique et administratif de l'objectivité scientifique, c'est le dogme officiel.

D'autres accepteraient volontiers cette idée que l'art moral mérite qu'on s'en souvienne, mais non point qu'on s'en occupe. Une mention suffit, qui ne va pas sans quelque nuance de dédain. N'avons-nous pas les livres de nos moralistes du xviie siècle tous les jours commentés et comme continués par les maîtres de nos écoles et de nos lycées ? On se convaincra, j'espère, aisément en lisant ce livre, que la psychologie de l'honnête homme moderne, telle que je la conçois, est assez différente de celle de l'*honnête homme* ou du chrétien du xviie siècle. On a usé du droit qu'a tout lecteur de ne lire qu'à moitié pour extraire des règles pratiques que j'ai énoncées les plus générales d'entre elles, qui facilitaient en effet ce rapprochement ; celle, par exemple, de l'impartialité de la compétence, etc. Mais je doute qu'un moraliste du xviie siècle eût adhéré à cette règle, entre bien d'autres, de ne reconnaître comme valables que les maximes vérifiées dans et par l'action présente, ce qui me paraît une des règles fondamentales de l'action moderne.

On s'emparera peut-être de cette dernière formule pour faire de nous un sociologue pur. Car cette valeur même attribuée à la conscience, à l'idéal individuel et présent, n'est-elle pas caracté-

ristique du moment historique où nous sommes ?
N'est-elle pas dès lors observable objectivement ?
Mais ce fait même que les consciences prennent
de plus en plus de valeur pour elles-mêmes n'est
du ressort du sociologue qu'à partir du moment où
le mouvement de ces consciences se dessine dans
les faits de façon objectivement appréciable. C'est
au contraire dans les consciences que le moraliste
proprement dit le saisit. Peu importe au reste que
la conscience qui intervient dans l'action soit individuelle ou collective. Pourvu qu'on la considère
comme un système de valeurs, la morale cesse d'être
purement sociologique. La distinction des faits
moraux, immoraux et amoraux n'est pour le sociologue qu'un moyen provisoire et superficiel de
classification. Pour un savant, il n'y a que des faits
et des forces. Le sentiment même de la communion
avec la société ne saurait être par le sociologue
exalté comme tel. La conscience doit, pour lui,
s'effacer devant la science et la force des choses.

Un mot seulement encore sur une interprétation
particulièrement inexacte de mes intentions.
M. Delvolvé, dans un article d'ailleurs fort intéressant de la *Revue de Métaphysique et de Morale* de
Mai 1908 (Note de la page 688), prétend que mon
but a été de *nous soumettre à l'inspiration directrice de certains milieux agissants, en fait à la
direction socialiste.* J'aurais tenté une entreprise
analogue à celle des Théologiens réformés du

xvii⁰ siècle, en *quête d'une organisation orthodoxe
pour déterminer les caractères de la véritable
Église*. M. Delvolvé, au reste, n'est pas sûr de me
bien comprendre. Je puis dissiper son doute. Il ne
m'a pas compris. J'ai toujours dit que le critère
ultime de la croyance pratique était le témoignage
de la conscience *informée* et *éprouvée*. Je crois
qu'en fait ceux qui se conformeront à la méthodologie que j'esquisse, en viendront à accepter sur
certains problèmes qui me préoccupent particulièrement, des conclusions sensiblement analogues
aux miennes. Mais le contact avec le *milieu* n'est
selon moi qu'un des moyens d'éprouver sa conscience, et c'est en définitive à celle-ci que reste le
dernier mot. Je suis convaincu — je n'aurais pas
écrit mon livre si je ne l'avais pensé — que ma
méthode est la bonne. Je doute beaucoup plus du
degré d'entente où l'on peut aboutir en l'utilisant.
Mais je crois que c'est là une question secondaire et
en quelque sorte extrinsèque. Comme je l'ai dit à
plusieurs reprises, la méthodologie morale serait
la même quand elle n'aboutirait qu'à une certitude
individuelle.

On a bien voulu m'inviter à préciser à l'aide d'un
exemple les règles que j'ai formulées. Telle serait
bien la vraie façon de procéder et c'est bien ainsi
que j'ai procédé pour me faire ma conviction personnelle. J'ai essayé dans des cours sur la *Justice
sociale* et la *Patrie* de montrer les limites de la

sociologie et de la technique morale. Mais mes occupations professionnelles et l'extrême difficulté des sujets m'ont empêché de mettre ces cours au point pour la publication. J'ai donné quelques indications sur une application possible de la méthode décrite dans ce livre, dans un article de la *Revue de Métaphysique et de Morale* (1).

Sur la question de méthodologie, on trouvera quelques éclaircissements complémentaires dans des articles publiés dans différentes Revues ou dans les Bulletins de la Société de philosophie (2).

1. *Le devenir et l'idéal social*, à propos d'une brochure récente Revue de Métaphysique et de Morale, Janvier 1904.

2. Bulletin de la Société française de philosophie, Janvier 1904, *La morale comme technique indépendante*. Ibid. mai 1906 : Discussion avec M. Durkheim; Revue philosophique, *Science et conscience*, (1904. I, p. 359). Cf. une discussion avec M. Belot, Bulletin de la Société française de philosophie. Séance du 24 mars 1908.

L'EXPÉRIENCE MORALE

CHAPITRE PREMIER

L'EXPÉRIENCE MORALE

Vanité des théories morales. — L'expérience morale. — La morale
et la science générale de la conduite. — Le sentiment d'obligation et les sentiments moraux. — Qu'il y a lieu de distinguer
entre la morale et la science des fins idéales et la science qui
étudie l'agent moral.

Je voudrais essayer de déterminer la nature de
la croyance et de l'action morales ou plutôt de la
croyance dans ses rapports avec l'action. Que dois-
je faire ? que faut-il croire pour faire ce que je
dois (1) ?

On ne considère pas ordinairement la croyance
morale comme autonome, mais on la relie par des
théories à autre chose qu'elle-même.

On peut faire à toutes les théories morales une
double objection. Tout d'abord ces théories sont
trop générales, trop indéterminées ; elles ne peuvent
rendre compte des croyances morales spéciales,
trop complexes pour être comprises en une seule

1. J'emploie ici le mot devoir dans son usage courant et non dans
le sens précis et technique qu'il reçoit dans la morale kantienne.
Sur ce sens, v. p. 18 et sqq.

F. RAUH. — L'exp. mor.

formule. Mais surtout — et c'est le point essentiel — ces théories reposent sur le postulat métaphysique de l'identité du réel et de l'idéal, de l'être et de l'agir. Car ou bien elles cherchent l'explication de la croyance morale en dehors d'elle-même, dans des réalités métaphysiques ou des faits d'expérience (faits d'expérience externe : conditions climatériques, économiques, etc. ; faits d'expérience interne : phénomènes psychologiques, plaisirs, intérêts, etc.), ou bien si elles la considèrent en elle-même, elles substituent à la croyance ses signes, ses produits, les traces qu'elle marque dans le réel, telles que les institutions ou les coutumes. Ainsi font les sociologues, les historiens. D'une façon générale les théories suppriment la catégorie de l'idéal, ce qui est *à faire* au profit du *tout fait*.

Or on ne saurait identifier l'être et l'action. La foi en un idéal, en un *devoir-faire* s'impose parfois à l'homme avec la même irrésistibilité que la croyance aux lois naturelles. Pas plus dans le cas des lois naturelles que dans le cas des lois morales l'homme ne saisit de lien substantiel, *transitif,* entre un fait et un autre, le mystère intime de la création. Il n'a donc, dans un cas comme dans l'autre, d'autre preuve de la vérité que l'irrésistibilité même de sa croyance. C'est là ce qu'après Hume a si bien montré Kant. Et dès lors pourquoi l'homme accepterait-il ce critère de l'irrésistibilité dans un cas et non dans l'autre ? Il doit accepter telles quelles les différentes formes de sa certitude, croire qu'il a quelque chose à *faire* quand il agit, qu'il y a un certain ordre dans les choses faites ou — plus généralement — dans les choses quand il contemple la nature. Sa fonction est aussi bien de croire que de constater (1).

Seul un préjugé substantialiste grossier peut confondre dans l'unité·immobile des existences toutes faites la nature et la conscience active. La vérité est une sans doute, mais dans sa forme ; en tant qu'elle impose à la pensée humaine, dans quelque domaine qu'elle se manifeste, une égale contrainte. Elle se révèle aussi bien sous la forme d'une poussée intérieure que sous la forme d'une poussée objective. Nier cela, c'est diviniser la nature, de quelque nom qu'on l'appelle : évolution, bonheur, etc. ; c'est asservir la conscience à un *Fatum*.

Le succès même de ces théories ne les justifierait pas. Si on reconnaissait que toute action peut être rapportée, une fois faite, à un ordre objectif, cela ne prouverait pas que je dusse me soumettre à cet

_____

(1). Ceci s'applique exclusivement à la croyance morale, non à la foi religieuse. L'erreur de toute croyance religieuse positive est de confondre les modes de certitude, et d'imaginer que l'on peut établir par des preuves tirées du sens intime, du *cœur*, des faits qui relèvent seulement d'une critique objective.

ordre avant l'action. Si je pouvais reconstruire la courbe de l'histoire, je ne vois pas pourquoi je devrais lire dans cette courbe toutes mes actions, toutes mes aspirations futures. Cette courbe, c'est ma foi même qui, en partie, la décrit. M'incliner devant elle, c'est adorer la trace de mes pas. Rien n'est moins sûr que l'accord entre l'accroissement de la vie physique — non seulement dans l'individu, mais dans l'espèce — et nos idées morales. Mais à supposer que cet accord ait été toujours et partout découvert, nous serions immoraux si nous résistions à un appel de la certitude intérieure, à un appel de l'avenir, sous prétexte que nous devons suivre la voie tracée par la nature. Tout se passerait, dans le cas d'une harmonie aussi providentielle, comme si la nature nous renvoyait l'image réfléchie de notre propre idéal ; elle ne serait pas pour cela le modèle ; mais le reflet de l'homme. . Le physicien ne prétend pas imposer à tous les phénomènes physiques l'équation mathématique trouvée pour quelques-uns. Mais il modifie celle-ci selon les expériences, et si même il arrive à rapporter les expériences nouvelles aux formules anciennes, c'est parce que l'expérience l'autorise en dernier ressort à rester fidèle à ses équations. De même si je découvrais toujours après coup dans la nature l'image de l'idéal, je ne serais point pour cela astreint à me régler d'après cette image, pas plus que le physicien ne doit maintenir ses équations contre l'expérience qui les dément.

Sans doute si j'avais toujours constaté entre une croyance donnée et tel signe de cette croyance une correspondance continue, je pourrais, me fiant à l'induction, substituer provisoirement la traduction du texte au texte même. Si j'avais éprouvé que toujours mon devoir a été en harmonie avec mon plaisir, je pourrais me dispenser de faire appel à ma conscience rationnelle et me borner à chercher mon plaisir, sûr que je pourrais lire dans ce signe extérieur ce qui est d'autre part directement inscrit dans ma conscience rationnelle. C'est ainsi que je puis me dispenser de vérifier par des expériences nouvelles une théorie indéfiniment confirmée, et me borner à en tirer des conséquences, des applications. Mais je dois cependant me tenir prêt à la corriger, à la changer si les faits m'y obligent. Je dois de même m'en référer toujours et en dernière analyse à ma croyance, comme critère ultime des théories qui la symbolisent.

Est-ce à dire qu'il faille avec Kant poser face à face la nature et la morale comme deux mondes séparés et presque ennemis, la morale imposant à la nature des formules absolues qui la nient ? Mais en fait, la conséquence de nos actes une fois aperçue, le spectacle des hommes et des choses change notre croyance. La croyance humaine n'a pas à se soumettre à la nature, à l'histoire, à ce qui n'est pas elle : elle n'a pas davantage à s'y opposer toujours et quand même. Il ne s'agit de nier ni la science objective, ni la morale, mais de constater en toute impartialité ce qui reste de nos formules morales, *quand une fois nous savons.*

L'idéal n'est pas plus une donnée externe qu'il n'est une donnée interne. Il n'est pas saisi en une fois comme une chose. Il est le résidu qui reste au creuset d'une âme sincère, quand elle a pris conscience d'elle-même au contact des choses (1).

Je ne puis dès lors connaître *a priori* la forme que revêtira la croyance morale vivante. Ceux qui comme Kant, tout en faisant appel à la conscience ou plutôt à la raison consciente, fixent pour l'éternité l'idéal reconnu comme tel, l'immobilisent, la substantialisent encore, en lui imposant la condition de satisfaire à une certaine condition posée *a priori.*

S'il est impossible de détruire la croyance ou de lui imposer par avance telle forme déterminée, il ne reste qu'à nous placer au centre de la croyance

---

(1). Il semble que le problème doive se poser dans les mêmes termes, partout où la question se pose des relations entre l'idéal et le réel, dans la critique esthétique par exemple. V., sur ce point, Fougères. *Revue internat. de l'enseignement,* 15 novembre 1902, p. 397 : *L'attitude scientifique a pour effet de régler l'attitude esthétique.*

même pour l'analyser. Nous ne nous demandons pas d'abord pourquoi il faut être moral, pas plus que le géomètre ne se demande pourquoi il faut faire de la géométrie. Nous ne nous demandons pas d'abord si la nature ou la science sont en harmonie ou en opposition avec la morale, pas plus que le géomètre n'a besoin de déduire l'espace pour parler savamment de la méthode géométrique. Toutes ces questions, très importantes sans doutes, appartiennent à la *métaphysique des mœurs*, à la philosophie morale. Nous ne nous posons pas non plus la question de savoir si l'homme est libre ou non de penser bien, libre ou non de faire ce qu'il a pensé. Questions qui peuvent recevoir peut-être une solution positive, mais que ce n'est pas le lieu de poser ici (1). Le physicien ne cherche pas, en tant que physicien, si sa certitude est nécessitée, s'il est libre ou non de persévérer dans ses expériences, s'il ne peut lutter contre sa paresse. Comme le savant, comme le géomètre, l'honnête homme, avant de réfléchir sur la nature de son activité, pense, agit, *travaille*.

Et de même que la pratique de la géométrie révèle au géomètre sa méthode, de même que la science

____

(1). Cf. plus bas, p. 43, sur la distinction entre la science de l'action et la science de l'agent moral. On verra p. 18 et sqq., et aussi p. 41 et 65, jusqu'à quel point la *science de l'action* peut utiliser la *science de l'agent*.

expérimentale ne s'apprend qu'au laboratoire, l'analyse de la croyance morale, du mode d'action de l'honnête homme nous révèlera sans doute les règles pratiques de l'action morale. Les penseurs véritables ont toujours eu l'horreur des *considérations*, des théories qui prétendent s'imposer à la science au lieu d'en jaillir. Descartes préférait aux dissertations d'école les réflexions d'un homme de bon sens sur les circonstances de sa vie. L'artiste méprise l'homme de lettres qui fait de la critique d'art sans avoir fréquenté l'atelier. Le procédé de l'esprit est un. Dans toutes ses manifestations il s'élève de la pensée active, militante, qui travaille au contact direct des choses, à la pensée spéculative qui réfléchit. Le sens commun a précédé sur ce point la science morale. Demande-t-on avant de serrer la main à un homme s'il est panthéiste, utilitaire ou kantien ?

Nous essaierons donc par des approximations successives de dégager de sa conduite même, par une observation critique, l'idée de l'honnête homme. Une méthodologie morale — telle est l'œuvre que nous tentons — n'est autre que l'ensemble des règles qui se dégagent de la psychologie de la croyance morale agissante.

I

L'honnête homme apparaît d'abord comme désintéressé. Mais cette caractéristique est insuffisante, fausse même parfois. Il peut être moral de songer à soi, il y a des sacrifices absurdes, immoraux. Mais égoïste ou désintéressée, il ne suffit pas que l'action soit telle ou telle pour être morale. Celui qui agit moralement sans le savoir est un *innocent*. Ce qui caractérise un honnête homme, c'est de vouloir quelque chose plus que tout au monde et de savoir qu'il le veut.

En d'autres termes l'honnête homme établit entre ses désirs, ses habitudes, ses actes, une hiérarchie, un certain ordre idéal. Toutes les fois qu'il veut agir ou dans le moment où il agit — car il y a peut-être dans la vie des cas singuliers, ce dont nous ne pouvons décider encore — il préfère telle action à telle autre, il place dans sa pensée telle action avant telle autre.

On peut caractériser la conscience d'une société comme celle d'un individu. L'idéal moral d'une société se définit parce qu'elle veut avant tout. Veut-elle avant tout que certains droits individuels soient respectés et ne consent-elle à vivre qu'à ce prix ? Ou veut-elle avant tout sa stabilité, sa conservation matérielle, la paix sans trouble, la paix morte ?

Dans le premier cas elle supposera l'accusé innocent, lui assurera toutes garanties de défense, ne se résignera à le flétrir irrémédiablement qu'à la dernière extrémité, cherchera, s'il est condamné, à approprier la peine à la nature du criminel, à l'individualiser, lui offrira tous les moyens de réhabilitation. Si, au contraire, la société est préoccupée avant tout de salut social, elle supposera l'accusé coupable, elle usera de tous les moyens pour établir son crime, tremblant de laisser échapper un coupable plus que de condamner un innocent. Selon l'un ou l'autre parti pris toute la législation change.

Mais notre définition n'est pas suffisante encore. Car certains coquins le sont résolument, délibérément : ils ont fait leur choix, ils ont leur parti pris sur la vie. Ce qui caractérise l'honnête homme, c'est de se placer, pour savoir ce qu'en somme il veut faire, dans une attitude impartiale, impersonnelle. Il juge en sa propre cause, comme en celle d'autrui. Cela s'appelle être raisonnable (1).

Un honnête homme pense donc *a priori* sa vie, chaque action de sa vie. Mais il ne la réfléchit pas comme un philosophe. Il ne la contemple pas une

(1). Quand nous parlons des désirs, des actes, etc., de l'honnête homme, nous n'entendons pas que ces actes, ces désirs soient purement individuels. Ils peuvent être sociaux, impersonnels. Mais ses désirs, quel qu'en soit le contenu, ne s'imposent pas à l'honnête

fois *vécue*. La pensée morale est une pensée pratique qui tend à se réaliser, qui veut se réaliser, toute tournée vers l'action. Elle se dégage des cas particuliers, des problèmes que pose la vie, au fur et à mesure de la vie. On juge un homme sur ses actes, non sur ses doctrines explicites. C'est pourquoi on dit qu'une vie est un *enseignement*. Cela ne veut pas dire qu'une morale ne soit et ne doive être — dans une mesure que nous déterminerons — un système, ni même qu'il ne soit utile et nécessaire d'exprimer ce système en formules verbales. Mais les théories livresques ou verbales, si elles n'expriment pas des théories vécues ou si elles n'ont été vérifiées au contact de la vie par des hommes d'actions sont de vaines idéologies. Il y a des croyances cérébrales qui n'ont en quelque sorte pas l'intention d'aboutir à l'acte, théories d'imaginatifs ou d'agités, théories livresques qui s'évaporent en mots. Un honnête homme ne pense pas par mots, mais par émotions ou par images d'actions. Son langage c'est sa vie, et sa vie se développe comme une formule. Tolstoï a profondément analysé ce mode de pensée substantielle. Ce caractère de la pensée pratique qui est de se

homme comme tels. *Il les juge*, c'est-à-dire qu'il déclare — après une enquête dont l'analyse même de la croyance morale doit révéler la nature et l'étendue — qu'en définitive il veut ceci ou cela. Cf. chap. v, p. 120 et sqq.

traduire en actes est une des raisons pour lesquelles on ne la reconnaît pas toujours pour une pensée. Mais le savant, l'artiste, eux aussi, ont leur langue propre et manient mal le langage commun, quoiqu'ils soient l'un et l'autre, à leur façon, des penseurs. L'artiste pense par images visuelles, par gestes, par sons, le mathématicien par équations, le physicien par expériences (1).

L'honnête homme ne se borne pas à déterminer la fin idéale de ses actes. Puisqu'il cherche la règle de la vie, il ne peut se désintéresser des *moyens de vivre*. Le héros, l'ascète lui-même, tiennent compte du *possible*. L'honnête homme est aussi un *homme d'action*. Si dans le jugement que nous portons sur la conduite de l'agent moral nous faisons entrer en ligne de compte son intention, nous préférons certainement un honnête homme-intelligent qui sait ce qu'il veut et ce qu'il peut à un imbécile bien intentionné (2).

II

La croyance morale vraie est donc celle qui résiste à l'épreuve d'une vie consciemment honnête. En un sens on peut l'appeler un principe et un

(1). Pour plus amples développements, voir chap. III.
(2) Cf. chap. v; p. 101.

principe *a priori*. C'est en effet une pensée pratique qui est posée avant toute autre, avant tout désir, toute action, au moins dans un moment donné. On peut même dire que cette pensée est deux fois *a priori*. L'homme moral sent en lui une double poussée intérieure, un double *vis a tergo*, antérieure à l'émotion, à tout donné, quel qu'il soit. La loi morale est une règle imposée à des désirs, des tendances, des habitudes. L'honnête homme est un *actif*. Or qu'est-ce qu'une tendance, un désir, une habitude ? C'est une possibilité indéfinie d'images allant vers l'action. C'est donc une sorte de loi de développement. Celui qui agit, même sans penser, explicite en quelque sorte une formule *a priori*. Et de plus l'honnête homme établit entre ces différentes tendances une hiérarchie, affirme comme devant être un certain ordre de ces *a priori naturels*. Agir moralement c'est donc s'élever de deux degrés au-dessus de l'expérience, naturellement, rationnellement. L'émotion morale n'est qu'un signe de cette double *action*.

Comme tout principe, cette pensée *a priori* a pour caractéristique qu'elle n'est pas explicable, qu'elle sert au contraire à expliquer toutes les autres. Si vous ne respectez votre père qu'autant qu'il est respectable, le devoir filial n'est pas devenu pour vous un principe.

« Un père est toujours père. »

Manger les vieillards fut sans doute pour certains peuples primitifs une mesure de salut social, mais la mesure survécut à son utilité. C'est alors qu'elle devint sacrée, quand on n'en sut plus les raisons. Tel de nos principes moraux n'a pas d'autre origine. Mais nous le savons : c'est ce qui nous distingue de nos ancêtres, et c'est ce qui fait que nous ne choisissons qu'après enquête nos partis pris moraux. Il est donc vrai de dire qu'une croyance ne devient proprement, essentiellement morale que du jour où elle résiste à toutes les raisons, où elle est devenue un principe. C'est un principe aujourd'hui accepté de la conscience commune que l'on doit réduire au minimum la souffrance d'un coupable. Or, il est probable que si la société décidait d'arracher les ongles aux voleurs, cela diminuerait le nombre des vols. Elle ne le veut pas cependant. C'est donc qu'il y a un idéal, celui de la non-souffrance ou celui de la dignité humaine — qu'elle met au-dessus du souci de sa sécurité purement matérielle.

Cette définition de la croyance morale s'éclaire par le rapprochement de la moralité et des sentiments en général, rapprochement légitime, car la moralité n'est qu'un certain ordre mis dans nos sentiments, un certain moment de l'action (1). Or un sentiment vraiment fort est évidemment celui *qui n'a besoin que de soi-même pour subsister.* L'amour est tout puissant — nous ne disons pas, bien entendu, qu'il soit alors légitime — quand il n'a besoin d'être soutenu ni par l'estime, ni par le respect. Il peut être dangereux de laisser voir à une femme — la femme veut avant tout être aimée — que si on l'aime c'est surtout parce qu'on l'estime.

Mais la croyance morale peut être dite surtout une *expérience*, non l'expérience d'un fait, mais l'expérience d'un *idéal.* Elle n'est pas un principe simplement pensé, rêvé. Elle n'est pas déduite de telle vérité objective ou de telle autre croyance morale par un simple mécanisme idéologique. Il faut ajouter à toute déduction morale, qui sans cela est simplement possible entre bien d'autres, la vérification de la vie. En ce sens on peut dire qu'une croyance ne se prouve pas : elle *s'éprouve.* Il faut définir les conditions d'une bonne expérience morale, et ces conditions ne peuvent être détermi- nées que par une analyse de la vie morale. Tout ce

---

(1). Nous emploierons ordinairement le mot de sentiment pour désigner tous les faits de conscience considérés dans leur retentis- sement individuel ou subjectif (Cf. la définition du sentiment dans notre livre : *De la méthode dans la psychologie des sentiments,* chap. ii, p. 40) et par extension toutes les pensées élevées immédia- tement à l'absolu, non situées par rapport à l'ensemble de la vie. Voir chap. iv, p. 91 et sqq.; et chap. v, p. 109 et sqq.

que l'on peut démontrer à un adversaire en ces
matières, c'est que son expérience est mal faite,
le mot expérience étant pris dans le sens que nous
avons dit et dont les indications précédentes mon-
trent déjà toute l'extension. A la suite d'une enquête
qui porte sur l'idéal non pas abstraitement isolé
de ses conséquences, de ses moyens d'action, de
son histoire, mais de l'idéal développé, manifesté,
considéré dans ses relations avec tout le réel, les
consciences qui comptent s'entendent sur ce qu'elles
ont à faire, sur ce qu'elles doivent faire: L'accord
moral entre les hommes peut résulter seulement de
ce que s'étant mis dans les conditions d'expérience
que révèle la vie morale consciente, ils constatent
en eux le même résidu d'idéal.

On voit le rapport de la morale ainsi conçue avec
la science générale de la conduite, celle qui em-
brasse la vie tout entière, nos plaisirs, nos intérêts
comme les croyances morales elles-mêmes. Sans
doute en traitant la croyance morale comme une
pensée ou un système de pensées *a priori*, on
n'exclut pas par là cette science de la vie individuelle ou sociale qui peut se définir un calcul des
plaisirs ou des intérêts. La morale est la science des
fins, la science de ce que la raison veut invinciblement, la science de l'ordre idéal de la vie. Elle
est donc une partie seulement de la science prati-

que, de la science générale de la vie. Mais elle en est la partie dominante, régulatrice. La raison morale se distingue de la raison simplement pratique en ce qu'elle pose un idéal auquel se subordonnent tous les plaisirs, les intérêts. La science utilitaire de la vie postule déjà un idéal : celui d'être raisonnable. Mais il s'agit ici d'une raison empirique, qui se fonde uniquement sur une expérience objective, l'expérience des résultats. La morale ne peut se passer de cette expérience, mais elle s'en sert comme d'un moyen nécessaire et non suffisant pour déterminer ses fins idéales (1).

Nous savons peu encore, nous savons quelque chose cependant sur l'honnête homme et la méthode d'action qu'il nous manifeste. Nous savons d'abord que sa pensée est pratique, qu'une croyance morale ne vaut que si elle est orientée vers l'action. Nous pouvons d'autre part attribuer à sa pensée les caractères qui distinguent une pensée quelconque. L'honnête homme est sincère, sérieux, impartial, uniquement occupé de discerner la vérité dans l'ordre qui le concerne. Il est intelligent. Ainsi se trouvent éliminés comme *témoins*, les incohérents, les sots, les insincères, les purs politiques, toute doctrine qui n'est qu'une arme de combat. La pensée morale comme toute pensée est celle sur

(1) Cf. chap. II, p. 65 et sqq.

2.

laquelle on peut compter, que l'on peut dans une certaine mesure prévoir, celle du moins que l'on retrouvera si l'on se met dans les mêmes conditions que le penseur. Mais cette pensée n'est pas celle d'un *fait*, mais d'un *parti pris.*; il n'y a pas d'honnête homme, il n'y a pas de parti moral sans idéal. Enfin, la croyance morale n'est pas un état, une chose. Elle est une vie qu'il faut observer et dont il faut suivre modestement l'évolution.

III

Nous n'avons pas fait mention du devoir dans la définition générale que nous venons de donner de l'honnête homme. C'est qu'en effet on a exagéré l'importance morale du sentiment d'obligation. L'état de conscience complexe désigné ainsi est un moment nécessaire : il n'est pas le tout de la vie morale (1).

La pensée pratique, la raison appliquée aux désirs et aux actes peut, comme toute pensée, se présenter sous la forme d'une spontanéité. L'homme se confond alors avec sa pensée. Il est cette pensée. Lors même que l'esprit s'applique à un objet, il peut

---

(1) Nous ne prétendons pas ici approfondir la nature du sentiment du devoir. La conclusion des pages qui suivent sera précisément que l'étude spéciale de ce sentiment n'entre pas dans le cadre de ce livre.

F. RAUH. — L'exp. mor.

l'absorber, se l'assimiler au point qu'il se l'oppose juste assez pour le connaître, s'en distinguant par suite à peine. Mais il n'en va pas toujours, il en va rarement ainsi.

La spontanéité intellectuelle peut être entravée par les choses qui ne se prêtent pas aux formes qu'on veut leur imposer ou par l'intérêt, la passion, qui nous empêchent de les voir telles qu'elles sont. Alors la pensée, d'abord absorbée par son objet, le connaît distinctement comme objet, en même temps qu'elle se réfléchit, prend conscience d'elle-même. Or, avec la conscience de soi, la souffrance est entrée dans le monde. Réfléchir est chose pénible. A la nature raisonnable, la nature sensible résiste. Pour triompher de l'obstacle douloureux la pensée spontanée ne se suffit plus. Du moment que naît la réflexion, il faut qu'à la pensée spontanée se joigne la volonté rationnelle ou réfléchie, nous dirons d'un mot : la volonté (1).

Qu'est-ce que *la volonté*? La pensée réfléchie s'apparaît à la fois comme contrainte et comme libre vis-à-vis de deux autres formes. Elle s'apparaît, d'une part comme contrainte à la fois par la pression de la vérité, et par la sensibilité égoïste,

____

(1). Nous supposons ici une pensée comme une volonté parfaitement unifiée. Mais il peut y avoir des volitions plus ou moins systématisées et dont la systématisation s'étend plus ou moins loin. Cela n'importe pas à la question présente.

rebelle à la première. Elle s'apparaît d'autre part, comme libre dans certaines conditions et jusqu'à un certain point d'aider ou de contrarier l'une ou l'autre de ces deux forces. Par quels moyens, c'est ce que nous n'avons pas à dire ici. La pensée réfléchie, considérée à ce point de vue de la liberté, s'appelle *volonté*. Vouloir, c'est affirmer qu'on peut quelque chose par cette affirmation même. La pensée réfléchie se pose donc comme relativement libre en même temps que contrainte vis-à-vis de deux pressions antagonistes. Enfin, selon que notre volonté agit ou non conformément à la contrainte rationnelle, il se produit en nous une tristesse, ou au contraire un sentiment de paix bien connu ; sentiments qui ont reçu des noms divers, repentir, remords, calme d'une bonne conscience, etc... (1).

On peut donc distinguer dans tout acte moral réfléchi : 1° une spontanéité rationnelle pratique, la pensée de quelque chose *à faire*, pensée qui peut être plus ou moins certaine — possible, probable ou nécessaire, affectée de tel ou tel signe *modal* — mais toujours spontanée, non libre ; 2° cette même pensée, mais réfléchie, consciente d'elle-même, qui se pose à la fois comme libre et comme pressée à

(1) Nous nous bornons à constater ici, sans l'approfondir, l'existence de la croyance à la liberté : ce qui suffit pour notre objet présent. Nous dirons seulement que la croyance à la liberté doit être traitée comme toute croyance à un idéal, par une méthode analogue à celle que nous développons dans cet ouvrage.

la fois par la spontanéité de la raison et celle de la nature; 3° des sentiments divers, signes de ces différentes opérations. C'est tout cet ensemble de relations complexes entre la volonté et la spontanéité rationnelle, à savoir : la pression sentie de la spontanéité sur la volonté, la conscience que cette volonté a d'elle-même, comme capable d'aider ou d'entraver cette spontanéité, les sentiments de plaisir ou de peine qui résultent de la résistance ou de l'obéissance de la volonté à la spontanéité rationnelle, c'est tout cet ensemble que l'on a pu traduire, avec une approximation suffisante, par la métaphore sociale de l'obligation ou de la contrainte.

Ajoutons que le sentiment d'obligation s'attache plus particulièrement aux actions morales absolument nécessaires, aux devoirs dits stricts. C'est surtout quand un jugement moral est *apodictique* que l'agent éprouve le sentiment d'obligation (1). Cela se conçoit. Le sentiment du devoir résultant, peut-on dire, de la conscience que nous avons d'être au service de la vérité, la conscience de cette servitude croît en quelque sorte avec l'intensité du sentiment de rationalité. Cependant, pour une con-

---

(1). Il y aurait lieu de distinguer ici entre les obligations déterminées seulement dans leur direction et les obligations parfaitement définies. Cette distinction correspond à la division classique en devoirs *stricts* et en devoirs *larges*. Cf. la table des catégories de la liberté (IV Modalité) dans Kant, *Critique de la Raison pratique*, trad. Picavet, p. 117. (Paris, F. Alcan.)

science moyennement honnête, certaines obligations strictes sont à peine senties comme des devoirs. Et une conscience délicate a autant de peine
à lutter contre les scrupules vains, qui naissent
de ce que nous nous forgeons des devoirs factices.
Le sentiment d'obligation, malgré la valeur pratique de la remarque faite ci-dessus, peut s'attacher à toute affirmation rationnelle pratique,
quelle qu'en soit la modalité.

On peut admettre que l'expérience des contrain-
tes légales ou la croyance aux puissances et aux
sanctions surnaturelles a influé sur le sentiment
proprement moral de l'obligation. Mais il paraît
difficile de méconnaître la vérité de l'analyse
psychologique que nous avons sommairement
esquissée (1).

Les différentes formes de conscience que nous
avons énumérées seraient-elles exactement ce
qu'elles sont si des influences sociales ne les
avaient modifiées, si elles s'étaient développées en
un homme isolé, n'ayant d'autre société que l'univers? Cela est peu probable. Mais on peut dire
aussi que ces relations sociales recouvrent des
relations psychologiques dont on peut prétendre
qu'elles n'ont pas changé, qu'elles ont été seule-

(1). On reconnaîtra dans cette analyse les traits essentiels de cette
psychologie de la pensée rationnelle que sous des formes diverses
Kant, Fichte, Maine de Biran ont contribué à fonder.

ment plus ou moins clairement aperçues aux différents moments de l'histoire. Car les relations sociales elles-mêmes apparaissent à l'homme comme raisonnables, s'imposent à lui avec le même caractère de rationalité que les lois mêmes de la nature. Certaines coercitions ont toujours passé pour légitimes, d'autres pour illégitimes, et l'on pourrait dire que si nous avons transporté aux relations purement psychologiques de la raison et de la sensibilité des métaphores empruntées à l'ordre social, nous avons aussi interprété les oppositions sociales à la lumière des oppositions psychologiques ou ontologiques, fondées sur ces oppositions psychologiques. Si l'homme a transporté aux puissances mystérieuses des choses le respect que lui inspiraient les puissances humaines, il est sûr, d'autre part, que certaines puissances humaines, celle du sorcier, du prêtre, du roi, ont dû leur prestige à ce qu'elles semblaient être dans la confidence des choses. C'est l'ordre naturel qui sanctifiait alors l'ordre social. Toujours donc l'homme a tenté de relier les sentiments sociaux à ceux qu'il éprouvait en face de la nature, du milieu cosmique, et ainsi, plus ou moins vaguement, de faire participer de la force de la raison en général la raison sociale.

Il y a donc lieu de croire que, fût-il isolé de

ses semblables, l'homme éprouverait, si le développement naturel de sa pensée était entravée par
la sensibilité, quelques sentiments analogues à
celui que nous appelons, nous, êtres façonnés par
des siècles d'hérédité sociale, le sentiment d'obligation. C'est pourquoi le savant, l'artiste éprouvent ce sentiment lorsqu'ils ont besoin de soutenir par un effort l'inspiration rebelle. Les artistes
modernes semblent le reconnaître : ils ont rompu
sur ce point avec les formules pratiques ou plutôt
avec les formules romantiques. Ils se posent
comme des travailleurs, des hommes de labeur, de
volonté, par suite, de devoir, dans leur ordre. Un
homme ne compte, dans un métier quelconque,
que s'il a le sentiment d'une fonction, d'une tâche
Il y a des artistes probes, il y a des savants sans
conscience scientifique.

On oublie trop que ce que nous appelons ordinairement la morale n'en est qu'une partie. On
entend, dans le langage usuel, par morale l'ensemble des règles qui concernent les relations des
hommes entre eux, et les règls de morale individuelle qui ont un retentissement social ou qui concernent les passions purement subjectives. Mais
la moral edétermine la hiérachie de toutes nos tendances, quelles qu'elles soient. Or, à ce titre, la
pensée même spéculative est justiciable de la mo-

rale ; car une pensée, même spéculative, est tendance, passion, besoin, et appartient, comme telle
au système général de nos sentiments, de notre
activité. Le domaine de la morale s'étend aussi
loin que celui de l'action, et avec elle le domaine
du *devoir*.

Bien plus, et par là même, le sentiment d'obligation apparaît non comme un état de conscience
exceptionnel, comme une crise dans la vie, mais
comme une forme que revêt naturellement dans
son évolution — on pourrait presque dire — un
état de conscience quelconque. Car la raison est
la faculté d'intégrer, d'achever. Or cette faculté
s'appliquer à toute matière, du moment qu'elle est
répétée ou du moment qu'elle est *isolée*. Le rationnel, c'est l'idée du toujours ou du jamais, du partout, du nulle part, de l'intégration du temps et
de l'espace, de l'intégration de quoi que ce soit.
Et nous avons une tendance à achever toute chose,
à faire de chaque chose un absolu. Il suffit pour
qu'un sentiment soit rationalisé qu'il occupe tout
le champ de la conscience, qu'aucun autre ne s'y
oppose, ou encore qu'il soit habituel. Pour l'homme sans culture morale qui n'a pas fait d'enquête
sur sa conscience, les coutumes sont des principes.
Tout ce qui est socialement organisé prend dès lors
la forme d'un devoir, les habitudes sociales les

plus basses, celles des brigands, des prostituées.
Toute profession a son code. Il n'est pas de désir,
de sentiment qui ne puisse se transformer en devoir, s'il domine dans la conscience.

Le snob considère comme un devoir la prome-
nade qu'il fait chaque jour à la même heure, dans
la même allée du Bois. Il parle de cela, de ses
obligations mondaines, avec le sérieux d'un ministre. Ce qui différencie les hommes, c'est moins
qu'ils manquent de morale, mais que leur morale
est localisée et qu'ils l'ont adoptée sans enquête
préalable. Le sentiment d'obligation est donc un
sentiment normal, mêlée à toute la vie psychologique. Le sentiment du devoir naît avec la réflexion ; nier le devoir ce serait nier la réflexion,
prétendre que l'homme est toujours à l'état de
spontanéité pure, de nature.

On peut dire plus. Le devoir n'est pas seulement un moment normal. C'est un moment *nécessaire* de toute vie morale.

Un homme qui n'est pas capable à son heure de
réflechir, de suppléer par l'effort réflechi aux dé-
faillances de la pensée spontanée n'est pas, dans
son ordre, un honnête homme. En ce sens le sentiment du devoir est bien le signe caractéristique,
la condition nécessaire de la moralité.

C'est donc une erreur d'en revenir purement et

simplement à la morale des anciens. Kant a noté
justement un moment de la vie morale, un moment de la vie de la pensée et même de la vie tout
entière. Car il n'est pas un sentiment, qui pour
l'homme adulte ne puisse par l'habitude ou l'iso-
lement se transformer en pensée, par suite en devoir.

*
* *

Mais cela ne veut pas dire que le sentiment du
devoir suffise à caractériser la moralité, qu'on ne
puisse être honnête qu'à la condition d'en avoir
continuellement le sentiment, en quelque sorte,
aigu. L'erreur de Kant a été, après avoir dégagé
ce moment de la vie morale, d'en faire le tout de
cette vie. Nous croyons en ce sens avec Brochard
à la nécesité d'une réaction contre la morale kantienne (1).

Le seul moyen de reconnaître une force de la
nature, c'est de l'isoler, et à ce titre l'abstraction
est aussi légitime en morale que dans les sciences
expérimentales. Mais ce qui sert à définir une
chose, le *cas type* n'est pas le plus commun. C'est
bien au contraire le plus rare.

Kant a isolé le sentiment de l'obligation sous sa

(1). Voir Brochard, *Revue philosophique*, janvier 1901 : La
morale ancienne et la morale moderne.

forme la plus âpre, dans ces moments où il s'oppose violemment à la vie. Sur ce point comme sur
tant d'autres il a fait œuvre de logicien, d'ana-
lyste. Il n'a pas étudié l'idée dans ses relations
mouvantes avec les choses. Il faut reprendre pour
l'assouplir la psychologie du devoir comme celle
de l'*a priori* kantien.

Si l'on replace le sentiment du devoir dans l'ensemble des sentiments humains, on s'aperçoit
qu'il doit sous-tendre en quelque sorte la vie sans
la remplir.

L'esprit s'avance d'abord comme dans un rêve
avant de pendre une claire conscience de lui-
même ; puis il se connaît, il trouve sa formule, il
est encore inspiré mais il domine son inspiration ;
l'inspiration et la réflexion s'unissent, en lui,
celle-ci suivant ou sollicitant celle-là, selon le cas.
L'inspiration est alors dans le même rapport avec
la réflexion que la nature extérieure avec le savant
qui la pense. Le savant obéit à la nature, mais il
la soumet aussi à ses formules; il l'observe, mais
il l'interroge. C'est la période de la maîtrise de soi,
de la création féconde. Cette période est suivie
d'une troisième où la pensée réflechie, la volonté
subsiste seule, où manque l'inspiration. C'est
l'âge du procédé, l'âge des préfaces. La vie n'est
faite ni de pensées ou de sentiments spontanés

ni de réflexions ou d'obligations pures. Elle consiste en une spontanéité aidée, achevée par la réflexion. Le sentiment du devoir qui naît avec la réflexion soutient le sentiment impuissant. Il remplit dans la vie morale les vides de la passion, de l'exaltation.

Cela est vrai de *toute* la conduite humaine. Le sentiment du devoir, pas plus que l'inspiration, ne caractérise exclusivement tel mode de pensée ou d'action. La moyenne des hommes, à qui ce mode de penser est peu familier, imagine les penseurs abstraits dans cette attitude d'effort continu, nécessaire à leur médiocrité pour se hausser aux mathématiques pures ou à la métaphysique. Sans doute, on peut dire que la pensée abstraite ou métaphysique est réfléchie et même au second degré, en ce sens qu'elle pense des pensées. Mais en elle-même elle peut être aussi spontanée que la pensée la plus élémentaire. Un Spinoza vivait sans doute sa pensée comme un artiste. Aussi un philosophe original est-il, en général, peu critique, il faut s'en rapporter pour le comprendre plus à sa pensée qu'à l'idée qu'il s'en fait quand il s'oppose à autrui. Inversement un homme d'action médite ses actions, en sait les pourquoi, les comment, tient ses passions en mains. La pensée spéculative n'est pas plus réfléchie par essence que la pensée pratique n'est spontanée. L'inspiration et la réflexion se retrouvent à tous les étages de la pensée (1).

On voit par suite que l'homme le plus moral n'est pas nécessairement celui chez qui le sentiment du devoir est le plus vif. Un inventeur—et nous entendons par là non celui qui apporte une idée nouvelle, mais celui qui pense vraiment son idée, qui ne l'imite ni ne l'emprunte—est souvent dans un état proche de l'inspiration pure. Il se peut dès lors que tel grand honnête homme n'ait jamais connu le sentiment du devoir ou ne l'ait connu que mêlé, fondu avec l'inspiration morale. L'attitude disgracieuse de l'*homo duplex* est celle souvent d'âmes sans sève, inquiètes, vivant dans le perpétuel tremblement, la peur du péché, incapables de chutes, mais aussi de ces relèvements qui vous portent loin au-delà du point où l'on tomba. Si les premiers philosophes grecs ont méconnu ce moment de la réflexion et de l'obligation douloureuse, ils devaient peut-être cette heureuse ignorance à la « fraîche nouveauté » d'une pensée jeune et féconde. La place du devoir dans la vie varie avec les difficultés de la pensée, de l'action morale, les différents types moraux.

Il ne faut pas dès lors hypnotiser en quelque

(1). Nous resterons cependant en général fidèles au langage usuel et désignerons du nom de réfléchies les pensées organisatrices d'ensemble. Voir chap. v, p. 96.

sorte le sentiment d'obligation la conscience des hommes. Il ne faut le présenter que comme une crise nécessaire : on peut pour les actions morales ordinaires se contenter de faire appel à la raison sans plus, c'est-à-dire à la conscience de nos préférences idéales ou même au plaisir qui l'exprime, sans mettre l'accent sur le caractère douloureux de l'effort moral. Comme la crise du sentiment du devoir se produit à propos des pensées morales que l'on soutient difficilement, et que les pensées les plus difficiles sont pour le commun des hommes les pensées systématiques, il convient de n'éveiller l'attention sur le sentiment d'obligation qu'à propos des actions *qui sont des fins par elles-mêmes et auxquelles toutes les autres sont subordonnées.* En ce sens la notion du devoir peut servir, comme moment caractéristique de la pensée rationelle, à distinguer les actions qui ne nous intéressent plus que comme moyens en vue de fins désirables en elles-mêmes, c'est-à-dire en vue de fins morales *en soi*, et ces fins morales en soi. Il faut replacer le sentiment du devoir dans le cours géénéral de la vie, mêler les appels à la nature et à la volonté, au devoir. L'éducation de l'enfant doit se régler sur ces principes. Les actions à propos desquelles il convient d'évoquer le sentiment du devoir sont rares pour l'enfant comme pour l'homme. Pour l'enfant se sont, par exemple, celles qui dans sa conscience éveillent héréditairement la honte, une répugnance immédiate. Ce point de vue est opposé à celui de la pédagogie encore piétiste de Kant.

Le sentiment du devoir n'est donc en aucun ordre le signe infaillible de la vérité, mais seulement de l'effort qu'il nous faut faire pour la conquérir. La vérité se révèle par ce que W. James a appelé un certain sentiment de rationalité, dont les différentes modifications ne sont autres que les différentes modalités de la certitude (possible, probable, réel, nécessaire). Et ces modifications consistent dans le sentiment des limitations plus ou moins grandes imposées à notre faculté d'invention, à notre imagination rationnelle, à notre spontanéité intellectuelle dans son indétermination et sa fécondité primitive (1). Mais de quelque façon qu'on les définisse il faut distinguer ces états de conscience impersonnels, ces modes de la conscience intellectuelle du sentiment du devoir. Les premiers expriment les relations de l'esprit avec les choses, ou plus généralement la vérité ; le second, la plus ou moins grande facilité avec laquelle notre raison triomphe de nos passions Lorsque la vérité n'intéresse pas nos passions, nous

(1). Nous devons nous borner sur cette question à ces indications que nous développerons peut-être un jour.

n'avons à observer en nous que les différents degrés
ou les diverses nuances du sentiment de rationalité. C'est ce qui se passe le plus souvent pour
les sciences de la nature. A peine avons-nous,
quand nous les étudions, le sentiment de notre
devoir ; ou si nous l'avons, le triomphe en est si
ordinairement et si infailliblement assuré que
tout se passe comme si nous n'étions qu'une spontanéité intellectuelle pure (1). Lorsque au contraire la vérité est importune, il faut qu'un effort
de la volonté individuelle nous oblige à en subir
l'impresion. C'est pourquoi pour les devoirs
sociaux ou les devoirs qui concernent nos pasions
purement personnelles, nous pouvons être comme
avertis par le sentiment d'obligation de la présence
de la vérité. Mais il faut, même alors, prendre
garde aux illusions du sentiment d'obligation.
Celui-ci peut continuer à s'attacher à des croyances
que je tiens désormais pour fausses. C'est une tendance naturelle à l'homme qui élève tous ses sentiments à l'absolu de mesurer la valeur des choses à
la peine qu'il se donne pour les conquérir. Nous
risquons à cause de cela de mesurer la valeur

(1). L'aisance de ce triomphe ne tient pas seulement à ce que les
vérités spéculatives n'intéressent pas nos passions, mais aussi à
l'existence — dans cet ordre de connaissance — d'un public scientifique, d'un contrôle perpétuel des opinions, des expériences. Au
reste même en physiologie, le charlatanisme n'est pas inconnu, et
l'autorité morale du « témoin » n'est pas là sans importance.

F. Rauh. — L'exp. mor.

morale de nos actes à l'intensité du sentiment du devoir. Les puritains, les piétistes sont plus préoc·cupés de l'obligation que de la vérité morale. Il s'agit de savoir non *ce que je dois*, mais *ce que je veux* en définitive plus que tout au monde, quand je me place dans une attitude impersonnelle. Une conscience morale n'aboutit pas à la formule : *je dois faire ceci*, mais à la formule : *ceci est à faire* (1).

La conscience du devoir ne me révèle pas nécessairement ce que j'ai à faire. Elle ne me révèle pas davantage ce que je peux : connaissance, comme nous le verrons, indispensable pour savoir ce que j'ai à faire. « Si je dois, je peux », a dit Kant, et il est vrai que la foi à un idéal est une force, et que je *dois* aider cette force, que la conscience d'être au service d'un idéal peut fournir à mon action des ressources imprévues. Mais ces sentiments ne sont que des éléments d'appréciations faillibles et à confronter avec d'autres. Je connais également

(1). On verrait mieux encore à propos du sentiment du *méritoire* à quel point les sentiments moraux sont des signes faillibles de la vérité morale. Le sentiment du méritoire s'attache indifféremment à des devoirs stricts (on regarde certains actes de probité comme méritoires) et à des actions socialement licites, que des âmes d'élite regardent cependant comme obligatoires. Contre le subjectivisme moral qui enferme l'homme dans l'analyse de sa vie intérieure, de ses mobiles, de ses intentions, la réaction des utilitaires ou des sociologues a été féconde. Mais il faut tout de même accepter comme critère moral définitif un certain état de conscience, mais impersonnel, et *relativement autonome*, que ce sera notre tâche de définir.

ma puissance par la conscience immédiate que j'en ai, de quelque façon qu'elle s'explique, et surtout par mes actes passés ou inconscients, par ce que les autres pensent de moi, par ce que je sais en général de la nature humaine. Je dois confronter toutes ces données avec ma foi morale, pour savoir ce qu'en définitive et en toute sincérité je crois pouvoir. Ce qu'on appelle le sentiment de mon pouvoir ou de mon impuissance est une conclusion à établir méthodiquement à l'aide de toutes ces données. Sans doute l'homme ayant une tendance à méconnaître l'efficacité de l'idéal et de la volonté qui le sert, et en général de toutes les puissances intérieures et spirituelles, il est bon de mettre l'accent sur la fécondité de la volonté et de l'idée : à ce point de vue le sentiment du devoir peut être tenu pour une donnée privilégiée. Mais il n'est cependant qu'une donnée parmi d'autres. Et c'est toujours ma raison, non la conscience du devoir qui juge de mon pouvoir.

*
* *

On résoudra comme la précédente la question connexe de la valeur et de l'usage possible du plaisir et de la peine comme signes de la moralité.

L'activité, la pensée morale sont en elles-mêmes indifférentes à l'un et à l'autre. Elles n'ont leur équivalent nécessaire ni dans les émotions en

général, ni dans les émotions spécifiques—joies,
se donner le spectacle des plus purs moments de
sa vie ; mais ce plaisir de choix lui-même n'est pas
son but. Le géomètre cherche la vérité géométrique ; il ne se demande pas si la géométrie le
récompensera de ses peines, ou si elle contribue à
promouvoir sa vie, ou celle de l'espèce. L'artiste
ou le savant ne font pas le calcul de leurs plaisirs,
ils agissent, ils *travaillent*. L'hônnête homme est un
homme d'action comme tout penseur, l'honnête
homme veut la vérité, non la joie.

Une croyance dès lors ne compte pas si elle est
uniquement inspirée par la colère, la haine, l'amour
même *rationnels*, car l'honnête homme doit savoir
se passer de jouir même de la raison. A ce point de
vue les conditions de la certitude morale ne sont
pas autres que celles d'une certitude quelle qu'elle
soit. On n'est pas un savant si on n'est pas capable
de sang-froid. Une croyance est suspecte dont les
partisans sont ordinairement dans un état d'excitation qui exclut la possession de soi.

Si la science morale ne se préoccupe pas de nos
émotions, cependant la capacité pour la souffrance
tristesses morales— par lesquelles parfois elles s'expriment. L'honnête homme ne se pose pas la question du plaisir et de la peine. Il peut, pour s'encou-
rager par cette contemplation à des luttes nouvelles,

est en un sens le signe d'une vie morale. Il y a. peu de chance pour qu'une doctrine acceptée de tous dès l'abord, en morale pas plus qu'ailleurs, soit raisonnable, qu'elle soit la vérité même, la vérité *vraie*. Car la volonté, l'effort sont douloureux et celui de la pensée plus que tout autre : notre tendance naturelle est de vivre notre vie sans la penser. Par suite la souffrance, la mort restent les grands témoignages d'une croyance vivante. Il n'y a pas de foi vraie qui n'ait eu ses apôtres, ses martyrs.

Pour la même raison on peut dire que le désintéressement est un signe ordinaire de la moralité. Sans doute on peut se dévouer aux autres par intérêt personnel. Il y a des défenseurs de causes très générales qui s'y attachent par paresse ou lâcheté, par la peur des devoirs précis, limités. Il est vrai, d'autre part, qu'on excuse, que l'on justifie même l'égoïsme intellectuel des génies. On irait jusqu'à avouer que leur situation hors de l'humanité, leur crée des devoirs hors de l'humanité. On peut prétendre que même le commun des hommes doit en certains cas ne songer qu'à lui, rien qu'à lui. Mais tout homme sincère reconnaîtra que ces devoirs sont rares. Si nous pouvons être égoïstes avec désintéressement et décider impersonnellement en notre faveur, cela est plus difficile. Les dispositions égoïstes sont plus communes et plus fortes que les altruistes et risquent davantage de nous aveugler sur la vérité. « La vie d'un homme peut être plus importante que celle de tout un peuple » dit quelque part Descartes. Cela est en effet possible. Un chef d'armée, un chef d'Etat doivent ménager leur vie. A tout homme, dans telle situation, ses amis pourront conseiller de ne pas s'exposer (1). Sans doute. Mais qu'on attende au moins que les autres vous disent cela. On a un intérêt trop visible à se le dire soi-même. Il faut donc se méfier de nos jugements moraux quand ils concernent ou nous-mêmes ou ceux que nous aimons. Ainsi l'indifférence ou la souffrance seules semblent être les signes de la moralité.

Il serait cependant absurde de ne tenir pour morales que les actions indifférentes ou douloureuses pour la sensibilité rebelle. Les sacrifices, la douleur, n'ont pas de valeur en soi. Il est des hommes dont l'activité rationnelle se développe en émotions joyeuses. Il importe peu, si ces émotions expriment des pensées. Le signe d'une croyance forte est aussi bien la joie qui naît de son développement naturel que la capacité de résister et de

______

(1). Hominis liberi virtus æque magna cernitur in declinandis quam in superandis periculis (Spinoza, *Eth.*, p. IV, prop. LXIX).

souffrir. X αἰδεῖν οἷς δεῖ, mettre sa joie dans la seule
vérité, telle est la marque de l'honnête homme.
Il en est au contraire dont l'activité s'exprime en
images et en actes indifférents. Il est possible que
ceux-là aient plus de chances de s'élever à la vertu.
Ce n'est pas une raison cependant pour identifier
le calme et la raison. La sottise, la lâcheté consciente ou inconsciente ont des allures parfois sages,
méthodiques. Il y a au contraire de saintes colères,
et les *haines vigoureuses* ont toujours été la marque
des *âmes vertueuses.* Ne prenons pas le signe pour
la chose signifiée. Il suffit que la résonnance sub-
jective de la pensée n'empêche pas la conscience
de la pensée comme telle. Que Flaubert ait peiné
sur son œuvre, que V. Hugo ait enfanté dans la
joie, cela ne fait leur œuvre ni plus ni moins
belle.

Y a-t-il lieu de croire que la certitude spéculative, contemplative, est plus dépouillée que la certitude pratique de toute enveloppe sentimentale,
qu'elle s'exprime en émotions moins violentes?
Cela est vrai du commun des hommes pour qui
l'exercice de la pensée théorique est indifférent.
Mais il n'en est pas de même pour tous les savants (1). Les vérités spéculatives n'intéressent pas;

(1). Voir les anecdotes rapportées par M. Ribot, *Psychologie des
sentiments*, p. 102 (F. Alcan). Cf. F. Rauh, *op. cit.*, p. 176.

il est vrai, ordinairement nos passions individuelles ou sociales; on peut se dispenser jusqu'à un certain point de connaître le caractère, la vie d'un savant, pour juger de son œuvre. Il est, au contraire, essentiel de connaître le tempérament psychologique ou même physiologique de quiconque juge des choses morales. Mais cela n'est utile que comme un moyen de s'assurer de l'impartialité du *témoin*. L'homme n'étant pas naturellement raisonnable surtout en ces matières, tout ce que l'on peut dire, c'est qu'en général une expérience qui s'harmonise trop bien avec les intérêts d'un individu ou d'une classe est mal faite, doit être tenue pour suspecte. Ni la joie, ni la souffrance ne sont des critères de la vérité morale. La certitude rationnelle, en tout ordre, est un état de conscience *spécial*. Le sentiment du devoir, la capacité de souffrir, de se désintéresser peuvent servir à désigner extérieurement une vie morale. Ils ne la constituent pas.

On pourrait étendre les mêmes conclusions à ce qu'on appelle les sentiments moraux, sentiments de respect, de mépris, etc., qu'on appellerait mieux des jugements accompagnés de sentiments, concernant la moralité de l'agent moral. Les consciences modernes semblent attacher à l'intention morale comme telle une valeur particulière, mais quoi qu'on pense de cette conception, les jugements relatifs à la valeur de l'acte doivent être profondément distingués des jugements relatifs à la valeur de l'agent (1).

D'une façon générale on peut dire qu'il faut distinguer la science générale des fins rationnelles, la science de la vérité et de l'action morale, de la science des croyances relatives à l'agent moral, croyance au devoir, à la liberté, sentiments moraux, etc. La science morale objective utilise toutes ces données subjectives pour savoir ce que l'homme peut et veut. Mais elle se sert de bien d'autres moyens encore pour aboutir au critère morale ultime, à la conscience impersonnelle de nos préférences idéales (2).

L'honnête homme ne recule ni devant la souffrance, ni devant le sacrifice. Mais il ne les cherche pas pour eux-mêmes. Il les accepte, comme des conséquences inévitables, attachées à la recherche de la vérité. La passion ne disqualifie moralement ni un homme ni un parti. Mais poussée à un certain degré, il y a peu de chance pour qu'elle accompagne la raison dont les joies sont plutôt calmes et *lumineuses*, pour qu'elle soit compatible avec la possession de soi. On se défiera avec raison des hommes et des partis continuellement violents.

(1) Voir sur l'intention morale, chap. v, p. 101 et sqq.
(2). Voir l'ensemble de ces critères, chap. X.

CHAPITRE II

DE L'USAGE PSYCHOLOGIQUE DES THÉORIES MORALES.

*Des théories comme moyen de suggestion, d'action, d'épreuve
pour la conscience*

La première condition de l'épreuve morale est
de se mettre face à face avec sa conscience, et, pour
cela, de faire table rase de toutes les théories qui
l'obstruent. Il faut commencer par libérer la vie
morale. Toute croyance qui paraîtra n'avoir été
acceptée que comme une conséquence logique
d'un système plus général est par là même suspecte. Tout penseur dont nous soupçonnons que
ses convictions se fondent uniquement sur une
foi religieuse, sur une conception métaphysique
de Dieu et de l'univers, tout penseur qui impose
à la morale la condition *a priori* de l'exactitude
objective, trouvant celle-ci belle au point de l'inventer, tous les déductifs qui croient en vertu de
leurs déductions doivent être éliminés comme
témoins ou autorités morales; il leur manque, selon
le mot de Spinoza, la jouissance de la chose elle-
même, *fruitio ipsius rei*. La déduction ainsi enten-

due, c'est-à-dire non vérifiée par la vie, est une imitation. Car c'est imiter que penser sur la foi d'autrui ou d'autre chose.

Mais si les théories n'ont aucune valeur objective, on n'en saurait méconnaître la signification et l'importance psychologique.

Les croyances religieuses ont été le véhicule de certaines croyances morales que bien des consciences y associent encore aujourd'hui (1). Les convictions morales d'un Fichte étaient sans doute fortifiées dans sa conscience par les sophismes métaphysiques qui les démontraient selon lui. Et peut-on nier que les analogies biologiques n'aient ajouté quelque chose à la force de notre idée de solidarité? Toutes les grandes idées humaines sont entrées dans le monde à la faveur d'un sophisme. On ne saurait nier l'influence des théories dans le passé, ni même dans le présent. On ne peut en prévoir ni même en désirer l'abolition définitive. Les analogies des divers modes de certitude, des différents types d'existence, les réflexions provoquées par les grands élans de la pensée métaphysique peuvent être encore des suggestions

____

(1). Il suffit de citer le mouvement socialiste chrétien de France ou d'Angleterre. Pour ne parler que de la France, on sait à quel point le socialisme français, de 1830 environ à 1848, fut évangélique. On connaît les tentatives de catholicisme social de Buchez, par exemple, tentatives dont se réclament encore aujourd'hui les catholiques sociaux

pour la pensée, pour la vie. Il ne faut fermer aucune voie à l'invention; mais il faut mettre les suggestions à l'épreuve de la vie, les rejeter dès qu'elles ont abouti à l'expérience morale, comme le savant utilise les théories scientifiques « *sans y croire* ».

On peut se servir aussi des théories comme d'un moyen de défense pour une croyance vraie. Il est permis contre un adversaire qui s'appuie sur l'histoire, la biologie, de les présenter sous le jour qui nous est favorable, de montrer à un utilitaire aristocrate les avantages visibles, tangibles, de la démocratie, sans user d'abord d'autres arguments, au biologiste aristocrate — comme il en pullule aujourd'hui parmi les gens de lettres — que la nature prépare d'elle-même, par l'organisation de plus en plus républicaine des organismes, le règne de la liberté, etc. Cela est puéril et facile à retourner ; mais cela est de bonne guerre. Il est légitime, quand une arme est à deux tranchants, de nous servir du plus commode. Les théories peuvent être par là même un moyen d'enseignement, de propagande. Il convient de se mettre d'abord au point de vue de ceux que l'on veut convaincre, pourvu que les y laisser pour un moment n'offre pas d'inconvénient pour l'intégrité future de leur esprit. Il est légitime de chercher dans leur propre doctrine ce qui incline à la croyance vraie. Il n'est pas nécessaire, d'une nécessité logique, comme on le dit, de pousser une idée jusqu'au bout, d'admettre la démocratie économique pour la seule raison qu'on admet la démocrtaie politique (1). Mais il est permis pour familiariser les hommes avec cette autre forme de la démocratie, de leur faire voir d'abord qu'ils acceptent en politique ce qu'ils repoussent en économie politique. On peut puiser aussi pour soi-même dans les théories des encouragements à mieux vivre. Il n'est pas défendu — si nous ne sommes pas dupes — de prendre les théories ambiguës par le biais qui cadre le mieux avec notre foi. Entre la vérité et l'erreur il y a le probable, et le probable, le possible peut être indéterminé au point que l'imagination peut en user pour le voir selon ses besoins. Il est monstrueux de s'aveugler volontairement sur la vérité. Mais, sur les choses que nous ignorons, sur celles, par exemple, que l'avenir nous cache invinciblement, il est permis de tourner notre imagination « *du côté de l'espérance* ». C'est ainsi qu'il est bon de chercher les antécédents historiques de notre foi de façon à lui donner le prestige du temps. C'est là comme une apologétique précieuse dont il est naturel, dont il est bon d'user.

(1.) Voir plus loin sur la logique en morale, chap. VI.

Mais les théories ne sont pas seulement un moyen de suggérer, de fortifier, de propager une croyance. Elles sont un moyen de *l'éprouver*.

Le système qui prétend fonder une croyance peut être sophistique. Il importe peu, s'il fut seulement une occasion, un stimulant pour la foi, ou encore si on peut le tenir pour une superstructure superficielle, surajoutée, si, visiblement, la croyance, *à l'insu même du croyant, a conquis sa vie propre*. Dans ce cas elle compte pour le critique, quelle qu'en ait été la motivation primitive. Pour savoir si ma croyance est vraiment solide, je me demanderai d'abord *si j'y tiens pour elle-même et non pour autre chose*.

Nous montrerons à propos de quelques théories l'application de cette méthode.

Si, de même que les députés du clergé sous Gustave III de Suède (1), et pour les mêmes raisons, M. Ménégoz, professeur à la faculté de théologie protestante de Paris, approuve la peine de mort, peut-être est-ce que la parole de la Bible et de Jésus-Christ font obstacle en sa conscience à des sentiments plus modernes : sa conviction serait alors *d'imitation* (2). Mais il y a lieu de penser

(1). V. *De la peine de mort*, par K. d'Olivecrona, trad. Beausset, 2e édit., 1893, p. 71.

(2). Voir la consultation de M. Ménégoz sur la peine de mort (*Européen*, 8 mars 1902). « Jésus-Christ ne conteste pas aux Juifs le droit de lapider un coupable selon la loi de Moïse. »

que le mouvement catholique franchement démocratique d'après 1830 fut démocratique parce
qu'il se produisit en ce temps. Si le théoricien catholique Buchez fonda la première association de
production en 1831, ce fut moins sans doute sous
l'influence de l'Evangile que sous l'impulsion d'un
courant social, alors général. Pour justifier sa
théorie de la *single tax*, Henry George fait appel
à des arguments théologiques. Si nous sommes
tous ici-bas par une permission égale du Créateur,
nous avons tous un titre égal à la jouissance de
sa bienfaisance, un droit égal à l'usage de tout
ce que la nature nous offre avec tant d'impartialité (1). Mais il y a lieu de croire que telle ne fut
pas la raison vraie, profonde de ses revendications.
Si l'on pouvait soupçonner que le motif en fût
uniquement religieux, qu'elles eussent disparu avec
la foi, elles seraient comme non avenues. Si au
contraire une idée sociale a été vécue, expérimen-
tée par un homme ou une génération humaine,
si elle satisfait aux critères qui se dégageront de
ces études et qui permettront de hiérarchiser les
croyances morales considérées en elles-mêmes,
alors, quelle qu'en ait été l'inspiration primitive,
cette idée est légitime.

(1). H. George, *Progrès et Pauvreté;* trad. fr.; Paris, F. Alcan
1887. Cf. *La condition des ouvriers,* Lettre ouverte au pape Léon
XIII; Bordeaux, p. 148.

Je crois que la disparition des certitudes spécifiquement religieuses ou métaphysiques diminuera le nombre des âmes préoccupées uniquement de purifier leurs intentions ou uniquement contemplatives. Cette disposition était certainement fortifiée par la croyance en l'existence d'un objet éternel de notre contemplation ou d'un spectateur de notre vie intérieure. Je crois cependant que ces dispositions ont leur racine dans la nature humaine, naissent dans certaines circonstances déterminées, et peuvent survivre à la disparition de toute croyance théologique. La vie méditative, la recherche exclusive de la paix intérieure peuvent convenir à certaines natures, même dans notre temps où toute âme sincère qui s'approfondit se découvre un devoir social. On peut dire plus : tous, si peu disposés que nous soyons à la vie solitaire, nous pouvons être amenés à chercher l'adoucissement de certaines souffrances dans une sorte de rétrécissement, de mort de la conscience. Mais si nous agissons ainsi uniquement par respect pour une parole prononcée il y a deux mille ans, ou par je ne sais quel préjugé en faveur de la vie contemplative fondé sur une ontologie fausse, alors nos efforts vers la perfection purement intérieure, notre renoncement à la vie sociale,

F. RAUH. — L'exp. mor.

sont des phénomènes de survivance, intéressants seulement pour l'archéologue.

Les théories qui déduisent la morale de la biologie sont en elles-mêmes aussi fausses que les théories métaphysiques (1). Mais il n'en est pas moins vrai que je veux vivre, que je veux que la société, l'humanité vive. Or il se peut que la connaissance des conditions de cette vie non seulement me fournisse les moyens de réaliser mon idéal, mais le détermine, le précise — ou le ruine. Si, jeté avec quelques hommes dans une île déserte, je n'ai que strictement de quoi me suffire, je repousserai peut-être un nouveau compagnon d'infortune. Mais peut-être au contraire préférerai-je risquer avec lui la mort demain plutôt que lui refuser le pain aujourd'hui. Le besoin me révélera alors l'intransigeance de ma foi humanitaire.

Quand nous soignons les incurables, quand nous sauvons ou prolongeons les vies les plus inutiles, nous prenons délibérément contre le vœu de la nature, contrairement aux indications de la sélection naturelle, le parti de l'idéal humain. La société veut se défendre contre la contagion tuberculeuse. Elle ne poussera pas cependant le souci de sa sécurité jusqu'à parquer le tuberculeux loin de tout contact social comme le lépreux au moyen âge :

(1) V. plus haut, p. 4.

ici nous concilions notre pitié de la souffrance humaine et nos préoccupations d'hygiène sociale. Beaucoup de personnes voient avec déplaisir l'autorité intervenir en ces matières. Cependant notre individualisme ne souffre guère de ce que la société impose à tous la vaccination. Et l'on se résigne à la désinfection obligatoire, lorsqu'on croit la réalité de la contagion scientifiquement établie. Aussi, M. Duclaux pense-t-il que l'autorité ne doit intervenir en matière sanitaire que quand la conviction du public est faite (1).

Cette façon modeste et psychologique de poser les questions ferait s'évanouir tel cas de conscience que des romanciers ou des publicistes ont dramatisé. L'opposition de la Science — interprète de la Nature — et de la Morale cesserait d'être une guerre des dieux. M. de Curel a opposé dans la *Nouvelle Idole* les droits de la Science aux droits de la Conscience. Un médecin sacrifiera-t-il à l'intérêt de ses recherches une vie humaine même condamnée (2)? Oui, s'il croit que la science objec-

(1). Les articles 4 et 5 de la loi du 15 février 1902 exigent la déclaration à l'autorité publique de certaines maladies, par tout médecin et par toute sage-femme qui en constate l'existence dans sa clientèle. (Voir sur la détermination de ces maladies les discussions qui ont eu lieu à l'Académie de médecine, dans *Le Temps* du 15 et du 22 janvier 1903).

(2) La vie de la victime que M. de Curel met en scène n'est pas nécessairement condamnée, semble-t-il, d'après les données actuelles de la science; ce qui fait que le problème n'est pas posé par lui dans toute son acuité.

tive, étant toute la vérité, a des droits contre la morale. Mais admettre cela, c'est confondre avec la vérité une de ses formes. Le *sentiment de la rationalité* est le même quand j'affirme un devoir d'humanité et la loi de l'attraction. Si mon devoir m'impose de retarder, parce que je ne pourrais la pousser aujourd'hui plus loin sans violer les lois d'humanité, la connaissance des lois de la nature, ce devoir s'impose comme une vérité aussi bien que les lois mêmes de la nature. Proclamer *a priori* contre les verdicts de la conscience que la nature a droit à être connue, c'est parler non en savant, mais en prêtre d'une religion. Un esprit positif accepte comme aussi rationnelles que la certitude scientifique ce qu'on appelle les révoltes du cœur, quand elles s'imposent irrésistiblement dans des conditions d'expérience à définir. Il s'agit de savoir si le désir, le devoir de connaître la nature passe dans la conscience moderne avant le devoir d'humanité.

Le devoir de connaître les choses tend-il à primer dans la conscience de certains savants tous les autres devoirs, au point d'étouffer la conscience sociale, humaine? Au cas où cela serait, quelle est la valeur du témoignage de ces consciences isolées? On a soutenu que les individualités fortes avaient des devoirs à part. Les savants dont il s'agit sont-ils nés pour un devoir unique, celui de *chercher?* Il faut alors poser le problème : y a-t-il des vocations, des génies moraux? Quel est le rapport de ces consciences avec la conscience commune? Ou bien ces hommes sont-ils des précurseurs? Leur croyance est-elle destinée à devenir celle de tous? L'humanité consentira-t-elle un jour à sacrifier quelques victimes au progrès des lumières, tout au moins au salut des générations futures? Comment alors discerner les précurseurs? Nous toucherons à toutes ces questions. Mais quelle qu'en soit la solution, il importe que cette solution ne s'impose pas au nom de la Religion de la Science.

Si l'on veut avoir une idée des difficultés positives soulevées par ces problèmes, qu'on lise dans les *Mémoires d'un médecin* de Veressaïeff (1) les pages relatives aux expériences pratiquées sur les malades dans les hôpitaux. On y verra qu'elles sont en un sens nécessaires à la fois pour la découverte scientifique et pour l'enseignement médical. Mais on y verra aussi que le danger de ces expériences pourrait être diminué au point de devenir presque nul. L'étudiant doit pour se faire la main opérer sur le vivant. Mais il peut s'exercer d'abord sur l'animal, opérer ensuite sous la surveillance attentive d'un maître. Il ne devrait enfin

____

(1). Traduit en français (Perrin, éditeur).

être admis au grade de médecin qu'à la suite de
ces épreuves pratiques successives. Ainsi, une question qui semble de métaphysique abstraite, ne
supporter que des solutions antithétiques et absolues, se transforme en une question de morale et
de psychologie appliquée, susceptible de solutions
approximatives. Il s'agit non de poser *a priori* les
lois de la vie comme sacrées, mais de chercher si
la connaissance de ces lois modifie notre idéal Il
ne faut pas dire inversement : « Périssent les
générations plutôt que les principes », mais observer sincèrement en s'aidant de notre conscience,
de la conscience d'autrui, en étudiant les conséquences de notre intransigeance ou de notre opportunisme, en faisant sur notre croyance une large
enquête, dont tous les éléments nous apparaîtront
peu à peu au fur et à mesure de ces études — jusqu'à quel point notre foi croit devoir résister ou
céder au réel. On verra qu'en général les hommes
qui auront fait ce travail s'entendront sur ce qu'ils
veulent. Peut-être quelques-uns tendront-ils plutôt
à maintenir dans toute leur pureté les principes,
d'autres à les adapter. Les deux attitudes peuvent
être également légitimes. Il suffit que l'intransigeance soit éclairée, que l'opportunisme soit désintéressé. Il faut surtout que ni l'une ni l'autre
attitude ne prétende se justifier par aucun principe

éternel, mais par des raisons positives, modestes, une épreuve sincère dont la conclusion soit : *je ne puis croire autrement.*

Les théories morales génétiques sont une des sources les plus abondantes de sophismes moraux. Une croyance vaut ce que valent ses origines : sophisme historique. Une croyance se dissout nécessairement, du moment que l'analyse en découvre les éléments : il n'y a donc de légitime que les croyances éternelles — sophisme que l'on pourrait appeler matérialiste, substantialiste.

L'histoire est devenue pour quelques penseurs une autre Nature à laquelle on prétend subordonner la conscience actuellement vivante. Or je n'ai pas à incliner la foi qui s'agite en moi devant le passé parce qu'il est le passé. Il n'est pas nécessaire pour écrire en français de savoir que rut vient de *rugitus* (rugissement) ou que *gurges* (gouffre) est l'origine de gorge (1). Seuls les cuistres se règlent, pour écrire, d'après l'étymologie. Les écrivains s'imprègnent, en vivant la vie de leur temps, du sens actuel des mots. Mais l'histoire est cependant un moyen de m'éclairer sur ma foi. Si le prestige d'un idéal s'évanouit pour moi du jour où je le sais transmis, c'est donc qu'il ne devait sa force qu'à la tradition; mais je puis

(1). Observation de M. Rémy de Gourmont.

à l'épreuve le trouver vivant en moi. Les grands révolutionaires se reconnaissaient dans les héros de Rome.

Surtout l'histoire m'apprend à mesurer l'étendue de mes forces, de mes ressources. L'histoire par là fortifie ou au contraire atténüe, oblige notre foi à s'adapter. L'histoire des essais infructueux faits par la France pour appliquer dans les colonies les principes révolutionnaires, peut nous apprendre à concevoir d'autres types moraux que le nôtre. Notre législation coloniale de 1854 a été due en partie, selon M. Beauchet, à cette idée que l'Australie avait été colonisée par des convicts. Or, si nous savons que l'Australie a prospéré du jour seulement où les officiers et les colons libres s'y sont implantés, cela peut atténuer notre foi dans la possibilité des régénérations morales (1). Si je sais que la doctrine politique libérale n'a pas été primitivement la théorie exclusivement individualiste qu'imaginent ses défenseurs actuels, cela peut ôter à leur théorie le prestige d'une longue tradition (2). La réglementation des relations entre patron et ouvrier qui avait été en Angleterre la loi commune pendant des siècles avait été si bien

(1). V. Beauchet, in *Revue politique et parlementaire*, 1898, p. 566. Cf. Dr Corre, *Nos Créoles;* Paris, Stock, 1901.

(2). V. H. Michel, *Leçon d'ouverture du cours d'histoire des doctrines politiques à la Sorbonne*, p. 19. Cf. du même, *L'Idée de l'Etat* (Hachette).

oubliée à la fin du xviii⁰ siècle que les ouvriers, qui la réclamèrent alors, passèrent pour des innovateurs. Une commission déclara que le droit de chaque homme à employer le capital dont il hérite est un de ces privilèges que la libre constitution de ce pays a depuis longtemps habitué tout Breton à considérer comme un droit de naissance (1). Un peu de savoir historique eût suffi à affaiblir l'argumentation libérale.

On voit par là les limites de l'utilité morale de l'histoire : elle ne nous intéresse que dans la mesure où le passé ne diffère pas trop du présent. Au delà d'un certain rayon, elle est indifférente. Il y a peu de chance pour que notre conscience soit troublée par des recherches ethnographiques ou anthropologiques. Peut-être, sans remonter au clan ou à la horde, serait-il possible de justifier la démocratie ou la monarchie, ou la morale professionnelle. Une femme moderne, à moins d'avoir été par une éducation religieuse mal dirigée, imbue de ce préjugé qu'une croyance n'est valable que si elle a été commandée de toute éternité par Dieu lui-même, ne sera point troublée dans ses sentiments de pudeur, si elle apprend des anthropologistes que ce sentiment fut variable et ne

(1). V. Sidney et Béatrice Webb, *Histoire du Trade unionisme.* trad. fr., p. 63; Paris. 1897.

s'attacha pas toujours aux organes sexuels. Je ne crois pas que la connaissance du caractère sacré de l'anthropophagie chez certains peuples primitifs troublerait particulièrement une conscience moderne, pas plus que celle des origines religieuses de la prostitution ou de l'inceste (1).

Un des préjugés les plus tenaces sur la vie humaine, c'est le préjugé matérialiste, substantialiste qui identifie les choses à leurs éléments, comme si la vie ne se recommençait, ne se recréait pas sans cesse. Il n'en est pas qui empêche à ce point le développement spontané de nos sentiments en général. Le psychologue se prétend dégoûté des fleurs parce qu'elles naissent sur le fumier. Il se peut; mais son dégoût n'a-t-il point en partie pour cause le préjugé que la fleur née du fumier ne peut-être que du fumier? Le sermonnaire flétrit l'amour ; mais son indignation n'est-elle pas faite en partie de ce sophisme : l'amour est impur parce que les moyens par lesquels il **s'exprime répugnent** à l'imagination? On a peine à se persuader qu'un camarade qu'on tutoya jadis, dont l'on triompha en maint concours scolaire, soit devenu illustre (2).

Le même préjugé vicie la vie morale. Une obligation apparaît comme moins essentielle, parce

(1) Cf. chap. IV, p. 90 et 91.

(2). On nous a rapporté ce mot : « Un tel ! Que de bruit à propos de lui ! *Je l'ai connu petit employé chez Hachette !* »

que l'objet en est *impur*. C'est une des raisons pour lesquelles on répugne aux devoirs précis, immédiats. On veut des devoirs éthérés. Les devoirs les plus élevés sont ceux qui concernent la partie la plus immatérielle de nous-mêmes. Les devoirs sociaux sont au second rang, pensait déjà Aristote, parce qu'ils ont une matière. Le socialisme moderne, celui de Marx par exemple, a été flétri comme la *doctrine du ventre*. Cela est inexact car le socialisme économique n'est pour Marx lui-même qu'un moyen nécessaire pour la socialisation des biens supérieurs. Mais quand il ne se préoccuperait que de l'organisation économique, le socialisme ne poursuivrait pas pour cela uniquement la satisfaction des besoins : il serait tout de même le messager d'une Idée. Le besoin du pain, quand il est voulu par tous, devient l'*Idée du pain pour tous*. L'horreur de l'injustice naît souvent d'une injustice personnelle : cela rend les défenseurs d'une cause générale parfois suspects. Cependant il se peut qu'un sentiment personnel se spiritualise, s'élargisse en idée. C'est même là la genèse normale du sentiment humanitaire. Lire dans sa souffrance, dans celle de sa classe ou de sa race, la souffrance humaine, c'est, comme le savant, lire dans un cas-type, une loi. On croit rabaisser certaines doctrines en les expliquant par le milieu, les circonstances de la vie de leur auteur. « Marx, dit Léon Say, est d'une lignée de rabbins. » Cela rend suspecte son analyse du régime capitaliste. Marx doit en effet peut être à cette origine et plutôt encore à son éducation hégélienne ses tendances dialectiques. Mais cela ne préjuge rien contre sa croyance sociale, si elle est née, si elle s'est développée dans les conditions où doit naître une croyance valable.

Il n'est pas nécessaire, pour qu'une croyance morale soit tenue pour un principe, qu'elle soit primitive ou inalysable. Il suffit qu'elle soit détachée de ses origines, de ses racines, qu'elle évolue à la façon d'une pensée vivante, autonome. Stuart Mill disait justement que le désintéressement, quand même il serait né primitivement de l'égoïsme, n'en était pas moins une conquête définitive de l'humanité. C'est une théorie profonde que la théorie juridique de la prescription. Elle se justifie non pas seulement par la nécessité de la paix, de la sécurité publiques, mais par cette idée que des droits, des devoirs nouveaux peuvent naître, et qu'une fois nés, ils sont comme s'ils étaient primitifs (1).

Mais comment savoir si vraiment une croyance nouvelle est née ? Comment la distinguer des

(1) Cf. chap. IV, p. 90 et 91.

croyances superficielles, imaginaires? Il faut que nous en ayons oublié l'origine, que nous n'en apercevions pas les éléments, ou, si nous les apercevons, que cette vision ne nous trouble pas. C'est une question de psychologie. Il s'agit de savoir jusqu'à quel point la synthèse, l'intégration nouvelle s'est faite. L'expérience seule nous l'apprendra. Le problème que nous traitons est en somme un cas particulier du problème plus général de la fusion des sentiments. De l'association à la fusion des sentiments les degrés sont multiples, et le signe de la fusion parfaite est l'impossibilité pour la conscience de retrouver les éléments d'une synthèse; ou si elle les retrouve, la persistance de la synthèse, malgré l'analyse qui s'y superpose. Le musicien qui perçoit chacun des instruments de l'orchestre entend tout de même la symphonie, et il n'est musicien que du jour où l'analyse ne le distrait pas de la synthèse. Certains personnages d'Augier ont oublié naïvement la source impure de leur fortune! Ils se sont refait une âme d'honnêtes gens. Il est cependant certain que s'ils sont sincères, le rappel de leur origine les troublera. Ils répareront alors, s'ils sont honnêtes, le mal qu'ils ont fait. Leur conscience ne résistera pas à l'analyse. Mais voici au contraire deux époux : ils s'aiment, ils ont fondé une famille, ils mènent

une vie digne et pure. On sait cependant que leur
amour est né d'un caprice des sens, que la femme
fut d'abord une maîtresse, presque une maîtresse
de hasard. Une vie nouvelle les a transfigurés. Tel
est le sens psychologique profond de la doctrine
du repentir, du pardon, qui efface le passé. Il n'y
a rien de définitif dans la vie, par suite rien d'irré-
parable. La vie est faite d'uniformité, mais aussi
de fécondité infinie.

Il n'en va pas autrement de nos croyances morales ou sociales. Elles seront certainement trou-
blées, nous hésiterons, si nous les rencontrons
chez autrui, à les prendre au sérieux, du moment
que nous leur soupçonnons une origine égoïste.
Les belles pages de Cousin (dans *le Vrai, le Beau
et le Bien*) sur la charité s'inspirent d'un court
écrit intitulé *Justice et Charité*, qui faisait partie
d'une collection rédigée par l'Institut en 1848 pour
combattre les mauvaises doctrines (1). Cela peut
inquiéter notre admiration. Mais je ne pense pas
que la connaissance des circonstances très contingentes d'où sont nées les nationalités modernes,
de leurs origines sanglantes, ébranle, pour le moment du moins et pour la plupart des consciences
qui comptent, le sentiment patriotique bien com-

____

(1) Renseignement emprunté à H. Michel, *La doctrine pratique
de la démocratie*, p. 55; Paris.

pris. Il est possible que ce sentiment en vienne à s'affaiblir ou à se transformer, et l'on pourrait prévoir dès maintenant les causes possibles de cette transformation. Si nos aspirations modernes vers une liberté démocratique ne sont compatibles qu'avec un certain degré de décentralisation, un certain fédéralisme, peut-être l'attachement à la nation comme telle s'accommodera-t-il de sentiments régionaux, locaux, plus vifs que ceux d'aujourd'hui. Peut-être inversement le fédéralisme européen, s'il se constitue, élargira-t-il le patriotisme actuel. Mais il importe, si le patriotisme change de caractère, que les théories ne soient pour rien dans ce changement. Bakounine dit : « Le patriotisme, en tant que sentiment tout à fait naturel, *ne peut* embrasser qu'un monde très restreint (1) »; comme si seuls les sentiments *primitifs* ou supposés tels avaient droit à être. Tous ceux qui ont fréquenté les Universités populaires savent combien il est important d'en mettre les auditoires en garde contre ces arguments d'un substantialisme grossier. A vrai dire, quand les croyances finissent, c'est pour des causes autrement profondes, et les raisonnements du genre de ceux que nous signalons ne font que motiver une transformation qui vient d'ailleurs. Mais le peuple, comme

(1) Bakounine. *Œuvres*, p. 244; Paris 1895.

tous les penseurs primitifs, a une tendance naturelle à éterniser ses croyances, à leur chercher un
fondement dans l'absolu ou une origine lointaine
et, par là, mystérieuse.Il est essentiel pour le cas
où se produirait sur ce point une crise dans les
consciences que celles-ci aient pris l'habitude pour
résoudre ces problèmes de ne consulter qu'elles-
mêmes. Ne préférez-vous pas votre pays à un autre ?
Cette préférence n'est-elle pas devenue invincible ?
Et cette préférence n'est-elle pas d'une part instinctive, et d'autre part rationnelle, en ce sens qu'elle
est d'accord avec les préférences que vous avez en
tant qu'hommes, avec l'idéal humain qui est aujourd'hui le vôtre et que les meilleurs des Français
ont toujours representé dans le monde ? Ces préférences ne vous créent-elles pas des devoirs, etc. ?
Ainsi se pose et se résout la question patriotique,
par un appel à la conscience profonde et bien informée.

Voilà donc transformé en un problème de psychologie appliquée ce problème métaphysique an-
goissant du conflit entre l'analyse et la foi qui, selon
des gens de lettres très nerveux, semblait ne pouvoir comporter pour l'incroyant qu'une solution
matérialiste et désespérante. Telles sont les affres
qui semblent avoir jeté quelques-uns de nos plus

illustres romanciers à la foi aveugle (1). Il y a, comme on voit, pour se sauver de ces difficultés, des moyens moins tragiques.

*
* *

Les théories dont nous venons de parler sont objectives, déduisant la croyance d'un principe étranger à elle-même, vérité métaphysique ou réalité naturelle. Nous avons vu plus haut (2) quel usage on peut faire de théories qui rattachent la croyance à un fait de conscience autre que la croyance, plaisir, peine, ou sentiment d'obligation. Les émotions, le devoir sont des signes, mais non pas infaillibles, de la vérité morale. L'accord avec les autres hommes, avec d'autres croyances, un certain degré de généralité dans la pensée (3), sont, indépendamment du sentiment même de rationalité, d'autres signes auxquels je reconnais l'acte rationnel. Mais cependant, toutes choses égales, une idée pour laquelle je n'éprouve pas que je doive subir la souffrance n'est pas une idée vraie. Une âme bien située pourra d'autre part reconnaître l'idéal à la joie qu'il répand en elle, à la

(1) Voir *Le Disciple* de M. Paul Bourget
(2) Chap. Ier, p. 17 et sqq.
(3) V. sur ces critères les chapitres qui suivent.

5.

paix qu'il lui donne. Mais il faut pouvoir se passer de la joie comme de la souffrance et distinguer sous les sentiments qui l'expriment l'état irrésistible de certitude qui seul compte en définitive. Une vérité morale se reconnaît à ce qu'elle peut subir cette épreuve.

Il n'est de même pas interdit de poursuivre son intérêt. Mais toute action qui se justifie par ses conséquences utiles, si lointaines et si compliquées qu'elles puissent être, n'est plus l'objet d'une préférence idéale, d'un consentement invincible. C'est un des signes auxquels on reconnaît qu'un idéal se dissout. Les horreurs de la guerre sont aujourd'hui pour une âme noble, mais aussi sans préjugé social ou philosophique, une raison de la haïr. Elles n'auraient sans doute pas troublé la conscience la plus généreuse au moyen âge. C'est que la foi dans la guerre, dans l'héroïsme militaire conçu comme une fin en soi s'affaiblit, s'en va.

On utiliserait de même la théorie de l'intérêt ou du bonheur social. Prise à la lettre une telle théorie implique un cercle vicieux assez grossier. Pour chercher l'intérêt de sa patrie, il faut commencer par en avoir une. Une théorie de l'intérêt social présuppose donc une théorie du *social*. Une fois posée l'existence des sociétés, on peut dire que les sociétés veulent vivre et vivre heureuses : cela est vrai. Mais il faut dire d'abord ce qu'est une société et comment elle veut vivre. Or c'est un fait que ls sociétés civilisées ne veulent pas seulement vivre, mais vivre d'une certaine façon. Les peuples, au moins les meilleurs de chaque peuple, ont un idéal. La question est de savoir jusqu'à quel point ce que veut être un peuple est en harmonie avec sa sécurité ou son intérêt matériels. L'intérêt social n'est pas la mesure, mais la limite de l'idéal social. L'idéal d'un peuple n'est pas nécessairement ce qui lui est utile : mais un peuple ne croit devoir en général accepter de l'idéal que ce qui s'en peut concilier avec son intérêt. Il mesure le degré de sa foi à ce qu'il consent à risquer de sa sécurité pour défendre sa foi.

Ces quelques exemples suffisent à montrer l'usage possible des théories morales. Si l'on entend par théorie une doctrine telle qu'on en puisse déduire logiquement ou plutôt idéologiquement telle croyance morale, ou encore la position d'un dogme moral immuable, la conscience doit avant tout s'en affranchir. Mais les théories morales sont précieuses comme moyen de suggestion et surtout d'épreuve. Aux hérétiques, aux négateurs, l'homme du passé oppose la parole divine. L'homme moderne oppose à la critique sa conscience librement consultée. Une conscience n'est capable de saisir directement la vérité, la vie morale, que du jour où les théories ne lui sont plus que d'un usage psychologique. On ne saurait attacher trop d'importance à cette transformation de point de vue. On peut être intransigeant dans ses idées sociales par tempérament et dans certains cas par devoir. Mais combien d'âmes seraient moins violentes si elles ne croyaient, comme les grands révolutionnaires, leur idéal fondé sur un ordre naturel éternel, ou sur les leçons de l'histoire (1) ! Si l'intelligence des Hindous, qui préfèrent risquer le choléra plutôt que de boire la même eau que les parias, n'était pas aveuglée par des croyances fausses, il y a lieu de croire qu'ils ne se refuseraient pas à observer les lois de l'hygiène (2). Le plus grand mal que les religions positives font aujourd'hui encore aux consciences est de les empêcher de se sentir elles-mêmes, d'immobiliser les unes dans le culte de certaines formes mortes, de retarder l'élan des autres, embarrassées qu'elles sont d'un lourd bagage théologique et traditionnel.

Sont donc disqualifiés, comme maîtres de la vie, tous les déductifs, tous les fabricateurs de sys-

(1) Cf. chap. VI et VIII, p. 225.
(2) Voir *Indien und die Indier*, par von Hübbe-Schleiden, p. 38 et 77; Hambourg, 1898.

tèmes, tous ceux qui cherchent la croyance hors d'elle-même. L'honnête homme veut l'évidence actuelle, celle qui jaillit de la chose même : *præsens evidentia.*

CHAPITRE III

L'ACTION MORALE

La pensée morale dans son rapport à l'action. — La règle de la compétence ou du milieu. — Spécialité, solidarité des vertus.

La croyance morale est une pensée *a priori* qui aboutit à l'action. Considérons-la d'abord dans ce moment où elle aboutit à l'action, puis nous l'étudierons comme pensée, et enfin dans ses moyens et ses conséquences.

Avant d'être une pensée consciente, maîtresse d'elle-même, une croyance morale est un certain moment de l'action humaine. L'action morale est comme toute autre action une *adaptation*. Or, la pensée d'une chose à faire n'aboutit pas seulement à cette chose : elle jaillit à son contact, au contact du terme, du but même de l'action. A ce point de vue, l'action morale ne se distingue pas d'une action quelconque. Pour parler plus précisément, plus brutalement, la pensée morale veut aboutir finalement à des mouvements dans l'espace, à des mouvements musculaires. Une pensée morale est donc la formule de mouvements musculaires possibles. Elle présente à tous ces mouvements, qu'elle synthétise ou *intègre.* Or, une pensée motrice, quelle qu'en soit l'origine, se forme par le mouvement même. Il en est ainsi de toute certitude pratique. L'homme n'a pas à régler sa conduite d'après un modèle immobile, d'abord contemplé, puis reproduit. Il crée son modèle en agissant, ou, s'il l'aperçoit d'abord, il le vivifie, il le recrée sans cesse par son action. De même la pensée scientifique, expérimentale doit passer du cerveau dans les doigts, quand elle ne naît pas en quelque sorte des doigts mêmes, de la pensée encore instinctive qui les meut.*Faire et en faisant se faire* : cette formule, que M. Renouvier applique à la science, est celle aussi de la morale.

De plus, pour former une pensée motrice, il faut en général faire accomplir le mouvement en question d'abord aux muscles les plus faciles à mouvoir. On ne fera pas aborder le trapèze à un débutant. On ne lui enseignera pas d'abord des formules gymnastiques. C'est cependant ainsi que beaucoup entendent l'éducation morale du corps, puisque tout aboutit là. On attribue aux maximes, au Verbe, une importance capitale. On enseigne à l'enfant, dès qu'il commence à parler, qu'il y a une morale, un devoir, un Dieu qui punit les méchants et récompense les bons, que l'âme est immortelle. Les éducateurs laïques eux-mêmes atta chent la plus grande importance aux leçons de morale, aux textes tirés des grands penseurs. Ainsi croit-on former le courage, la volonté, tandis que le sentiment de liberté. intérieure qui fait oublier à l'homme la souffrance, le danger et la mort s'apprend d'abord par l'acte de décision le plus élémentaire, la pratique du cheval ou de la bicyclette. La maxime de vie n'a de valeur que si elle formule des souvenirs ou des prévisions d'action. Il faut avant tout persuader l'homme que la certitude morale se forme comme toute autre certitude pratique. C'est la première notion à donner à l'enfant. L'enfant ne doit pas soupçonner que la morale ait besoin d'une justification métaphysique ou religieuse, pas plus que la géométrie ou la physique. La morale doit lui apparaître, non comme étrangère, transcendante à la vie, mais comme sa substance même. L'éducateur se bornera à formuler, à éclaicir sa conscience au fur et à mesure qu'elle se développe. Il le fera décider en chaque circonstance—qu'il s'agisse d'une alternative morale ou simplement pratique —de ce qui est à faire en cette circonstance. Il l'habituera à s'*adapter*. Faire ce que l'on doit est un moment de cette adaption nécessaire. Ce moment est aussi normal, aussi universel que tout autre. Il est mêlé à tous les autres. L'habitude de s'adapter, une fois prise, ne se perd plus. Elle supprime les questions vaines jusqu'au jour où on peut les aborder de sang-froid et à leur place. Mæterlinck a dit quelque part que la certitude scientifique était un instinct. Cela signifie non qu'elle est étrangère à la raison, ni même qu'elle est toujours concrète, mais qu'elle naît du contact avec les choses et qu'elle y retourne. Telle doit être aussi la certitude morale (1).

Nous n'entendons point par là que seule mérite d'être vécue la vie pratique, sociale. Le choix d'un mode d'action varie avec les tempéraments individuels, les moments. Le mot d'action a ici un sens plus général. Une tendance, quelle qu'elle soit, même spéculative, n'a de valeur que si elle se traduit ou tend à se traduire par l'action, le mouvement musculaire qui lui est propre. Une idée purement contemplative ou abstraite doit, elle aussi, chercher sa formule, *s'exprimer*. Un mathématicien aligne ses équations sur le papier, ou il les imagine dans le silence même de sa pensée. Il faut que toute pensée *aboutisse*.

Il suit de là qu'une croyance morale ne vaut que du jour où elle a été vérifiée au contact du *milieu* auquel elle prétend s'appliquer.

(1) Cf. *La Croyance* et *l'Education de la volonté*, par J. Payot Paris, F. Alcan.

Qu'entendons-nous par le *milieu* ? A la fois les hommes et les choses. Il faut analyser notre propre conscience, la conscience de nos contemporains, nos moyens d'action, les moyens d'action de notre temps, c'est-à-dire ses conditions sociales. Nous étudierons successivement ces différents facteurs de la foi. Nous posons ici d'une façon générale cette condition nécessaire du milieu. Je ne puis pas, par exemple, résoudre *a priori* la question des relations de l'autorité sociale et de la liberté individuelle, en partant de la notion d'être raisonnable et libre. Mais j'éprouverai dans chaque milieu, à propos de chaque événement sincèrement étudié, de l'histoire et des circonstances actuelles, ce que les hommes les plus sincères et les plus éclairés, ce que moi-même, je veux en définitive de liberté. Peut-être si je suis économiste *libéral*, mon libéralisme économique fléchira-t-il après une visite dans quelque faubourg de grande ville.

Il y a dès lors des compétences morales, et à celui qui observera la règle du milieu, l'échelle de ces compétences apparaîtra souvent absolument renversée. Les compétences varient avec les croyances en question. Le pur méditatif qui vit dans l'éternité pourra nous renseigner utilement sur l'hygiène psychologique qui convient au pen-

seur ; mais il peut être étranger à la vie sociale.
Sur les questions de cette ordre, les philosophes,
en tant que philosophes, sont aussi ignorants et
incompétents que le plus modeste des électeurs.
Tout au plus ont-ils acquis une certaine disposition générale à la pensée désintéressée, et une certaine plasticité intellectuelle qui leur assure sur le
pur ignorant quelque supériorité.

Mais en revanche, certains d'entre eux—les métaphysiciens—apportent dans l'étude de ces problèmes des préjugés analogues à ceux des théologiens. Les vérités apparaissent aujourd'hui à
l'homme sous forme sporadique comme une
suite de lueurs discrètes, si étendu qu'en soit le
champ d'éclairage. Le philosophe a pour fonction de relier après coup l'une à l'autre ces évi-
dences spéciales : chaque science prétend à l'autonomie, la science de la vie comme les autres. De
plus, la science se fonde sur l'expérience, c'est-à-
dire qu'elle aussi part de l'action et retourne à
l'action. L'homme veut désormais saisir la vérité
au moment où elle est visible, tangible, où elle
touche le sol. Toutes les idéologies doivent partir
de là, revenir là. Au contraire, le théologien imagine la pensée comme le soleil platonicien qui en
une fois répand partout sa lumière, qu'il faut
saisir en son centre unique et spirituel. Il conçoit

la science comme une monarchie. Il prétend apporter d'en haut la vérité aux hommes politiques, pratiques, aux militants qui la vivent. Il méprise ceux qui ne se sont pas élevés à ces hauteurs où se respire la vérité dans sa pureté. Il va du verbe à l'action, non de l'action au verbe. Il dédaigne de saisir les notions sous leur forme élémentaire, tangible. Il n'en veut apercevoir que la forme la plus idéale, la plus épurée. Il fuit les questions positives, terrestres. Un Descartes, un Socrate prenaient pour point de départ de leur spéculation les exemples les plus simples, les plus familiers. On ne commence pas l'étude de la mécanique par celle des principes de l'énergétique musculaire, mais celle du levier, de la poulie. Le métaphysicien, lui, ne se demandera pas d'abord comment peut se résoudre la question du pain, de la solidarité des biens, mais comment est possible la solidarité des esprits, des âmes.

Pour la même raison—c'est un défaut commun à tous les idéologues, à tous les penseurs de cabinet ou d'école—il ne daignera étudier que les théories achevées, de belle ordonnance. Or comme toute pensée vivante, une pensée morale se formule lentement, au travers de tâtonnements sans nombre, avant d'aboutir à une doctrine. Elle s'exprime d'abord par des vues encore mal débrouillées dans des journaux, dans des revues obscures, au feu des polémiques, des luttes quotidiennes (1). Celui qui veut se faire une âme sociale n'ira pas chercher ses inspirations dans une œuvre d'école ou d'académie. Le métaphysicien systématique ne connaît que les théories, les livres, les articles magistraux.

De plus, le méditatif — quel que soit l'objet de ses études — a acquis certains plis en quelque sorte professionnels qui le rendent particulièrement inapte à l'étude des problèmes sociaux. Il a besoin de silence autour de son cabinet de travail. Il est tenté de regarder comme le premier des biens, la paix et le régime qui l'assure, semblable en cela à certains savants pour qui le laboratoire est devenu un sanctuaire fermé à tous les bruits du dehors. Volontiers il formerait une ligue des pacifiques de tous les partis. « Gœthe..... enseigne..... à remplir son petit devoir, à se caser confortablement..... faisant du bien autour de soi, à condition de ne pas trop se risquer et surtout de ne pas troubler l'harmonie, l'équilibre des facultés par lesquelles *on voit* (2) ». Cela est peut-

<hr>

(1) Que l'on suive par exemple l'évolution de l'idée nationale en Italie (Voir l'*Histoire de l'unité italienne*, par Bolton King, trad. fr.; F. Alcan, éditeur), ou de l'idée républicaine sous la monarchie de Juillet (Voir le livre de Tchernoff, avec la remarquable préface de M. Esmein). -

(2) *Lettres de Mazzini à Daniel Stern*, 1873, p. 57.

être légitime pour un méditatif — nous ne discu-
tons pas la question — mais à une condition :
c'est qu'il ne passe pas pour un maître en matière
morale ou sociale pour cette seule raison qu'il est
un méditatif.

Si donc je cherche à préciser les aspirations que
je sens en moi, par exemple, vers plus de justice
sociale, je ne m'informerai pas auprès de tel penseur en renom, je ne lirai pas tel moraliste spéculatif. A celui-là je demanderai comment on peut
relier la science et la morale, non la solution des
problèmes moraux. Surtout je tiendrai pour nulles
les consultations sociales de l'homme de lettres,
journaliste, chroniqueur ou professeur, s'il n'est
que cela. On ne voit pas bien ce qu'avoir écrit des
vers ou des critiques théâtrales peut donner par
soi-même d'autorité pour résoudre les problèmes
de morale économique. Un Nietzsche pourra éveiller en moi le sentiment de la valeur individuelle,
me mettre en garde contre un certain sentimentalisme altruiste (1). Mais que valent contre la morale
démocratique les considérations de tel publiciste
sur la morale païenne ou la morale féodale, ou le
sophisme d'un esthète qui confond l'égotisme et
l'énergie individuelle, comme si un homme fort

____

(1) Nous tenons Nietzsche pour un des plus grands maîtres de
morale individuelle.

ne pouvait mettre sa force au service d'autrui? Ces
hommes ont-ils vraiment éprouvé la croyance
morale qu'ils réfutent? Ont-ils vécu d'une vie
sociale, ont-ils vécu aux côtés de ceux qui la vivent?
Ont-ils fréquenté les militants du parti démocratique, les milieux où s'agitent les idées démocratiques? Les étranges critiques de l'idée égalitaire
que ces artistes nerveux et aristocrates que certaines exagérations d'un altruisme larmoyant ont
exaspérés! Méfions-nous de la théorie livresque,
non vécue, *formule d'auteur* justifiant un tempérament. « C'est là, dit Mazzini, dans le monde
littéraire, que le divorce entre la pensée et l'action
est frappant. » Peut-être sur les questions sociales
trouverai-je à m'éclairer plutôt auprès de tel chef
ouvrier, de tel secrétaire de syndicat, de coopérative, assez près de la souffrance populaire pour la
réfléchir, libre cependant de la misère et de l'ignorance qui font les impulsifs.

La morale sociale, c'est l'ordre que nous mettons
dans nos habitudes, nos actions sociales et il faut
une matière à l'ordre : on n'ordonne pas le néant.
Or, les habitudes sociales naissent du contact avec
les hommes, les choses. La pensée qui les organise
naît du milieu où elles naissent elles-mêmes. Seul
sera donc mon guide en matière sociale, celui dont
la doctrine se sera forgée dans le laboratoire de la

vie, dans la lutte des partis, le penseur militant, celui qui tout au moins aura recueilli l'écho des batailles.

Il est vrai que les sciences ont été parfois renouvelées par les incompétents. Pasteur qui n'était pas médecin a renouvelé la médecine ; un autre médecin, Mayer, a créé l'énergétique moderne. Mais il faut pour lutter contre des compétences routinières se faire soi-même compétent. Un chimiste peut dire son mot en physique, mais à une condition, qui est de se faire physicien.

Pas plus que les vertus pratiques et les vertus contemplatives, les diverses vertus pratiques ne sont nécessairement solidaires. Elles ont besoin chacune d'une éducation spéciale. Tel, excellent père de famille, de mœurs parfaitement pures, d'une vie privée irréprochable, est étranger à la vie civique. Le souci de la perfection intérieure suppose une surveillance continue de soi-même, un souci d'éviter les contacts impurs peu compatible avec les nécessités de la vie publique. Les héros sociaux ne sont pas toujours des saints. Celui-ci vous enseigne comment il faut souffrir et mourir : il ne sait pas l'art de vivre. Tel autre, excellent citoyen de la cité présente, est fermé ou se ferme à tous les souffles d'avenir. Il ne sera pas une autorité dans ces moments où les idées nouvelles germent, fermentent.

Les hommes compétents en morale sont les hommes capables d'une attitude impersonnelle, en qui l'on saisait une pensée ou une intention de pensée, les hommes, en ce sens, désintéressés. Mais tous les hommes n'ont pas la même forme de désintéressement. Il faut consulter dans chaque ordre celui qui est désintéressé, celui qui pense dans cet ordre.

Est-ce à dire que les différentes vertus sociales soient absolument isolées, qu'il y ait seulement des morales sociales, professionnelles ? Non, sans doute. Un certain esprit général pénètre toutes les croyances d'une époque : la famille, la cité, le citoyen romains expriment la même idée sociale. Tant s'en faut d'ailleurs que toutes les expressions de cette idée varient en même temps et avec une égale vitesse. De plus, selon les différents domaines où elle se manifeste, une même idée revêt des formes spéciales, d'où il suit qu'elle doit être observée directement. On ne saura donc pas ce qu'est une famille républicaine par le simple fait qu'on saura ce qu'est un citoyen républicain. Mais cependant la famille change de forme avec l'esprit social qui l'anime, et avant d'avoir observé directement une famille républicaine type, on peut se douter de ce qu'elle peut ou doit être, du moment que l'on sait ce qu'est politiquement un républicain. L'homme compétent en morale est celui qui, imprégné de l'esprit général d'un temps, réalise cet esprit dans les différents domaines de l'action (1). Les degrés de la spécialisation morale varient avec le tempérament de chacun et aussi avec le moment. Il y a des moments où chacun peut s'enfermer dans sa vocation morale, rester par exemple un savant, un artiste consciencieux, étranger aux choses de la vie publique. Il en est où les devoirs communs s'imposent à tous, où il faut ouvrir sa conscience tout entière. C'est ainsi qu'il y a lieu parfois de lutter contre l'excès de la spécialisation scientifique.

Le génie moral lui-même n'échappe pas à la loi du *milieu*. Le vrai créateur n'est pas le philosophe. Le créateur de vie n'écrit guère. Un Socrate, un Christ se contentent de vivre leur pensée. Et cette pensée ne naît pas dans la solitude, mais dans la société, ou plutôt de la société même qu'elle prétend réformer. Les Esséniens, les Ebionites annoncent la prédication du Christ. Socrate achève le mouvement de la sophistique. Un dogme, un système moral est la formule d'une vie, et cette vie même est imprégnée de la vie ambiante et diffuse. On a attaché trop d'importance à telle déclamation, telle pensée perdue d'une socialiste utopiste du XVIIIᵉ siècle, d'un sophiste grec sur l'injustice de l'esclavage,

______

(1) Voir plus loin sur l'usage de la logique en morale, chap. VI. p. 152 et sqq.

sur l'égalité de tous les hommes. Ces penseurs croyaient encore à la valeur des idées pour elles-mêmes, ils cédaient à l'élan de la généralisation comme à un mouvement naturel, nécessaire. Un penseur grec qui aurait vraiment éprouvé ses idées aurait peut-être, du temps des sophistes, sinon pensé comme Aristote sur l'esclavage — car il semble que celui-ci ait voulu revenir à une forme sociale alors périmée — du moins accepté l'esclavage, sauf à le corriger. Les sophistes furent des précurseurs sans doute, mais trop lointains. L'illusion est précisément de se placer au point de vue de l'éternité. Au delà d'un certain rayon, le regard de l'homme ne porte plus, et sa pensée, si elle atteint l'avenir, est une lueur perdue, de hasard (1). Au reste, quant un homme pourrait prévoir de si loin, il ne saurait pas par là ce qu'il doit faire en un temps donné. Un honnête homme ne serait pas plus lié par l'avenir — s'il en était un de prédéterminé absolument — que par le passé. C'est encore un préjugé substantialiste que de se croire astreint à obéir aux prophéties. Le passé comme l'avenir hypothétique sont également justiciables de ma foi *actuelle* (2).

On pourrait objecter à cette règle du milieu qu'une pensée peut se borner à imaginer les expé-

(1) V. chap. VI, p. 190 et 144.
(2) Cf. chap. IV, p. 43 et 91 et VI, p. 143.

riences. Il est bien, pour penser, d'avoir fait, il suffit d'avoir vu faire. Même ce partage des fonctions est en un sens nécessaire. Il y a dans chaque parti les militants et les penseurs du parti. Penser et agir en ces matières ne sont-ils pas en effet deux opérations totalement distinctes ? La puissance d'action d'une pensée n'est pas fonction des qualités qu'elle possède en tant que pensée : clarté, capacité de saisir le vrai, etc. Cette force dépend en partie de causes objectives (climat, race, etc.), en partie du tempérament psychologique ou physiologique, en partie enfin de la forme, de l'espèce de volonté propre à chacun. L'intensité du travail pas plus que la joie du travail scientifique ne sont fonction de l'intelligence. Celui qui fait la besogne morale n'est pas toujours capable de la penser. Celui qui la pense n'est pas toujours capable de la faire (1).

Cela est vrai. Le penseur moral a sans doute une tâche qui lui est propre, et si le théoricien de la justice sociale passait tout son temps dans les réunions publiques, il ne donnerait pas au monde la formule de la justice sociale. Mais cependant s'il veut la dégager, il ne peut vivre en marge de la société. Ici comme en toute chose on n'imagine exactement que ce que l'on a fait plus ou moins. Un savant expérimentateur doit être d'abord un bon

(1) Cf. chap. V, p. 97.

manœuvre. Un moraliste ne peut penser sainement
que s'il a pratiqué dans une certaine mesure les
choses dont il parle. Autrement, par intérêt, par
passion, par vanité, il sophistiquera les expériences.
Même si un écrivain malhonnête devine la vertu,
son témoignage reste suspect, parce qu'il n'est pas
fondé. Il rencontre la vérité; il ne la possède pas.
Les hommes ne croient que ceux qui prêchent
d'*exemple*. En ces matières, l'autorité du témoin
est presque tout. La même parole, insignifiante si
elle vient d'un novice, prend avec raison du poids,
prononcée par un homme d'expérience. Elle résume
alors une vie, elle est pleine de substance.

Si cette relation de la pensée et de l'action nous
échappe, c'est que d'abord nous méconnaissons la
spécialité relative des vertus. Un homme n'est pas
chaste. Son autorité en matière sociale est-elle pour
cela suspecte ? Cela peut être, cela n'est pas nécessaire. De plus, la culture littéraire, humaniste, si
répandue en France fait que nous goûtons la beauté
de la forme, la nouveauté de l'idée plus que sa
vérité. Tel homme de lettres, écouté comme un
orale dans les salons ou les salles de conférences,
semblera devant un auditoire de savants ou de travailleurs d'intelligence droite et robuste, un simple
amuseur public, un jongleur d'idées. Nous mou-
rons de trop de littérature et aussi de trop de dialec-

tique : maux solidaires, car ils révlèlent l'un et l'autre la conception malsaine de l'idée autonome. Quand une fois nous nous serons décidés à chercher avant tout la vérité, quand une fois la nature *substantielle* de la vérité se sera révélée à nous, nous éliminerons comme *témoins* les faiseurs de systèmes, de métaphysiques, de théories en l'air, les purs littérateurs, les chroniqueurs de la vie morale. Encore imbus des préjugés de la vérité descendue d'en haut, venue d'un au-delà de la vie, de la superstition du modèle à contempler, du Verbe à écouter — superstition dont bénéficient les faiseurs de livres et de phrases — nous ne voyons pas le lien nécessaire de la pensée et de l'action. Au stade théologique ou métaphysique de la pensée, l'invention purement idéologique a pu être féconde. Mais sous prétexte qu'Empédocle fut un précurseur, il ne faut pas être évolutionniste à la façon d'Empédocle. Toute pensée morale qui ne naît pas directement au contact de la réalité ou du milieu qu'elle concerne ne compte pas. Celui qui n'agit pas ou ne s'est pas mis à l'école de celui qui agit ne pense pas.

CHAPITRE IV

LA PENSÉE MORALE

La pensée dans sa forme : pensée universelle, particulière, abstraite, concrète; pensée actuelle, éternelle. — La pensée dans son contenu : pensée morale et sentiment moral.

La pensée morale est-elle nécessairement universelle ?

Est-elle nécessairement éternelle?

Quelle différence y a-t-il entre un sentiment moral et une pensée morale ?

Trois façons diverses de poser la même question et qui aboutissent à la même conclusion : le contenu et la forme de la pensée morale ne sont pas déterminables *a priori*, mais seulement par l'expérience morale.

On peut dire que les deux premières questions concernent la forme, la dernière le contenu de la pensée.

Dire que l'honnête homme pense ne signifie pas néécessairement que la pensée morale soit universelle ou abstraite. D'abord une pensée pratique même universelle n'est pas uniquement constituée par une pensée centrale qui légifère une fois pour toutes. Elle se développe en jugements pratiques particuliers, et ces jugements ne sont pas la simple application d'une proposition générale ; ils varient avec les circonstances, ce sont des jugements relativement autonomes qui supposent une adaptation immédiate au réel. Il ne suffit pas de savoir la règle, mais de savoir si la règle s'applique à ce cas et comment. L'honnête homme, comme tout homme qui pense, a besoin de bon sens.

De plus il peut y avoir en morale des devoirs particuliers, singuliers, résultant de sentiments, de situations spéciales qui peuvent seuls méconnaître le pharisaïsme, le pédantisme moral ou l'inexpérience. Sans doute ces devoirs peuvent toujours rentrer dans des catégories morales générales, comme un fait quelconque peut être subsumé sous les catégories de la pensée. Mais de même qu'un fait peut être presque tout entier irréductible à tout autre, de même que pour l'artiste ou le simple observateur il reste toujours singulier, les devoirs qui nous lient à un ami sont uniques, comme cette amitié. Les devoirs de cette sorte ne se ressemblent pas plus que deux personnes. C'est cependant à tort qu'on appelle ces inspirations des *sentiments*. Si spéciale, si irréductible que soit son inspiration, l'honnête homme la croit raisonnable, de même que prévoir un fait est l'acte d'une raison aussi bien que poser un principe.

Un homme n'est raisonnable, il est vrai, que s'il
a conscience de pouvoir penser au-delà de sa pensée actuelle. « Comprendre, c'est dépasser », selon
le mot de Hegel. Mais il n'est pas nécessaire que
cette possibilité de tout penser soit actualisée. Il se
peut que l'élan d'une pensée se fixe en un point.
Elle se sentira raisonable du moment qu'elle se
sent capable d'aller au delà, toujours au delà. Mon
affirmation présente est raisonnable, lors même
qu'elle est singulière, si après avoir parcouru tout
l'horizon de mon esprit, je n'en vois point qui lui
ressemble. Etre raisonnable, ce n'est pas toujours
penser universellement, c'est, dans chaque ordre de
connaissances, *situer* sa pensée. Qu'il agisse suivant
des principes plus ou moins généraux ou qu'il cède
à des inspirations spéciales, l'honnête homme pense
ou veut penser. Il ne faut pas dire que ses maximes
sont universelles ou individuelles ; elles sont, lors
même qu'il pense des devoirs particuliers, *imper-
sonnelles*. C'est pourquoi il y a différentes formes
de pensée morale, des pensées morales abstraites,
concrètes, des pensées systématiques, sans bon
sens, etc. (1).

Sans doute, du moment que l'on pense, on ne
pensera pas seulement des généralisations possibles.
En fait, l'homme a toujours reconnu, toutes les fois

(1) Cf. plus bas, chap. VI, p. 181 et 182.

-qu'il a pensé, l'existence de lois abstraites et générales. Et ainsi la pensée peut se définir par la faculté de découvrir des lois. Mais nous ne pouvons savoir d'avance le degré d'extension, la limite de ces lois. L'histoire des sciences nous montre l'esprit humain étendant ou corrigeant tour à tour ses généralisations (1). L'histoire de la morale conduit à la même conclusion (2). L'homme ne peut que suivre sur ce point les indications de sa raison. La raison n'a pas par elle-même — si l'on excepte certaines formes très indéterminées que c'est l'objet de la philosophie proprement dite de dégager — de contenu qui lui soit propre. Elle est une certaine forme, plus précisément un certain état de conscience que l'homme tantôt éprouve naturellement, tantôt doit conquérir (3), mais dont il ne sait qu'à l'usage ce qu'il lui révélera. On peut autoriser certaines inductions à plus ou moins longue portée sur le contenu de la conscience spéculative ou morale, dire : tel est aujourd'hui depuis tant de siècles, le sens de la science morale, mais à la condition de mettre toujours ces inductions à l'épreuve de la conscience *actuelle.*

L'honnête homme est raisonnable ne signifie

(1) Voir quelques indications sur ce point dans notre livre : *De la méthode dans la psychologie des sentiments*, chap. 1ᵉʳ, p. 13 et 29.

(2) Cf. chap. V et VI

(3) Cf. chap. Iᵉʳ, p. 17 et sqq.

donc pas qu'il ne pense que des principes éternels
ou des faits permanents. Il suffit que sa pensée ait
pris la forme de l'éternité et, pour cela, que la vérité
ou le fait pensé soient habituels ou dominants dans
la conscience (1). Le sentiment acquis de rationalité
est justifié, la pensée en question est rationnelle, si
après enquête elle résiste invinciblement, de quelque
façon qu'elle ait été acquise à l'origine. Admettre
le préjugé contraire, d'après lequel la seule certitude valable serait celle qui correspond à un ordre
éternel, c'est nier la fécondité, la puissance de
renouvellement de la vie. *Doit être tenue pour un
principe toute croyance qui en fait fonction* (2).

On comprendra maintenant la relation de la pensée morale avec ce qu'on appelle le sentiment.

*
* *

Penser, d'une façon générale c'est sortir de soi,
avoir une conscience plus ou moins vague de l'objectivité, du tout. Penser quelque chose, c'est le
situer dans le tout. Le sentiment subjectif au contraire, c'est l'état de conscience dans ses relations
avec l'individu lui-même, ses actes, ses muscles.

Le sentiment peut consister en des états de conscience spéciaux qu'on appelle émotions, ou se présenter sous forme indifférente; il importe peu. Le

(1) V. chap. Ier, p. 23 et 24.
(2) V. chap. II, p. 54 et sqq., et ch. VI, le début.

coup de poing que vous portez à un adversaire peut
n'être perçu par vous que comme une suggestion
d'images. Il n'en est pas moins un ensemble de sentiments parce qu'il n'est pas pour vous un *objet de
la nature* (3).

Les jugements, les raisonnements, s'ils sont tour-
nés uniquement dans le sens de mes intérêts, sont
des sentiments. Inversement il importe peu que
l'objet de ma pensée soit une émotion, un désir, si
je les situe dans l'univers. Un honnête homme ne
pense que des habitudes, des actes. Mais il a conscience en les pensant d'être raisonnable, de sortir
de soi, d'être dans une attitude impersonnelle.

Ces deux états de conscience, pensée, sentiments,
se mêlent sans cesse. Tout sentiment tend à prendre
dans la conscience humaine la forme d'une pensée.
L'homme ne va pas de l'individuel à l'universel.
Tout au contraire il élève immédiatement à l'absolu
tous ses états de conscience, tous ses actes. Il divi-
nise et lui-même et les choses. Il se croît le confident
de l'univers ; ses colères, ses haines sont des colères
inspirées. Il vit d'abord hors de soi, et toute réalité

---

(3) Les gens *qui ne pensent qu'à eux-mêmes* éprouvent en général des émotions *notables* (plaisirs, peines, etc.). Il en est de même
de ceux qui ont l'intention plus que la capacité d'agir raisonna-
blement (cf. chap. V, p. 97). Inversement, la raison ne s'accom
pagne guère d'émotions violentes (cf. chap. 1er, p. 41); mais cependant il y a des égoïstes flegmatiques et les pensées les plus im-
personnelles se traduisent en joie ou en tristesse.

est pour lui vérité. C'est peu à peu qu'il se distingue
des choses ou, en d'autres termes, qu'il distingue le
sentiment de la pensée. Mais la tendance à tout élever à l'absolu *persiste* en lui et il suffit, ainsi que
nous avons dit, qu'un sentiment, un état de conscience quelconque soit durable ou isolé, pour qu'il
paraisse raisonnable. Inversement toute pensée a un
retentissement individuel, subjectif, se traduit en
sentiments, en actes faibles, à vrai dire, chez le
commun des hommes, quand cette pensée concerne
la nature dans son ensemble (pensée scientifique,
philosophique), plus forts quand elle organise les
actions humaines (sentiments moraux). Dans ce cas
surtout la pensée ne se présente pas ordinairement
sous forme indifférente, mais les jugements sur la
valeur de nos actes se traduisent en émotions aiguës
qui les dissimulent (1). Les émotions peuvent d'ailleurs envelopper même des pensées sur la nature
objective : la connaissance d'une erreur est précédée
d'un malaise, il y a des pressentiments joyeux de
découverte. Cette traduction de la pensée objective
en sentiments, le retentissement subjectif d'une
pensée est jusqu'à un certain point indépendant de
sa valeur en tant que pensée. Un savant peut être
paresseux, sans enthousiasme. L'enthousiasme pour
une science n'est pas toujours signe d'une vocation

(1) Voir plus haut chap. 1er, p. 39 et 40.

scientifique. De même l'activité morale, la capacité de se sacrifier pour une idée n'est pas toujours proportionnelle à la puissance de la pensée morale (2).

Le passage du sentiment à l'état de pensée est légitime, du moment que la conscience informée l'accepte. Cela signifie que si un sentiment apparaît après enquête comme devant être, c'est-à-dire comme préférable en toute ou en telle circonstance à tout autre, il est une pensée. Ce qu'on appelle les *vérités du cœur* ne se distingue donc pas des vérités rationnelles, du moment qu'elles sont situées.

On peut être aristocrate de tempérament, démocrate par principe. On préfère alors la démocratie toutes les fois que l'on met impartialement ses sentiments en contact avec ceux d'autrui, que l'on se plonge dans le courant de la vie sociale, qu'on étudie les consciences démocratiques, l'histoire de l'idée démocratique, etc. Mais dans ses relations quotidiennes d'homme à homme, on peut se laisser entraîner à n'être que soi, agir en aristocrate. Tel fut certainement Lasalle, l'agitateur socialiste, démocrate par conviction, grand seigneur par sa vie et mœurs ; tel fut encore Heine. La pensée la plus universelle, la plus abstraite idée de justice n'est qu'un sentiment si elle est acceptée comme telle

(2) V. sur ce point plus haut chap. III, p. 84 et aussi chap. V, p. 97, 99.

sans contrôle. L'amour le plus individuel est une pensée si, après avoir parcouru tout l'horizon de la vie morale en toute sincérité, on le situe dans cette vie. Y a-t-il des hommes qui aient droit, ayant fait cette critique, de déclarer leurs sentiments personnels supérieurs à ceux de l'univers? Ou, au contraire, y a-t-il des raisons de croire qu'ils sont toujours insincères ou partiaux pour eux-mêmes, quands ils prétendent que leur passion a droit de s'opposer à l'opinion, aux principes admis? C'est une question dont nous dirons un mot plus loin (1).

L'honnête homme ne préjuge rien de la nature de la certitude que lui fera la vie. Il cherche impartialement, sans lui imposer d'avance aucune forme, quelle préférence idéale s'impose à sa conscience. La raison n'est pas essentiellement abstraite, universelle, ni non plus concrète, particulière, permanente ou mobile : elle est *impersonnelle* et — pour un temps indéterminable *a priori* — *invincible*.

Les chapitres qui suivent développent et précisent ces considérations générales.

(1) Chap. V, p. 106-109.

CHAPITRE V

PENSÉE SPONTANÉ ET PENSÉE RÉFLÉCHIE OU DE LA
PENSÉE RÉFLÉCHIE DANS SA RELATION AVEC SON
CONTENU.

Sentiment moral et pensée. — Des types moraux considérés de ce
point de vue. — L'humble, l'intention morale et la moralité. —
Le génie amoral. — Le génie moral. — La pensée morale critique. — De, l'usage que la pensée réfléchie fait de pensée spontanée. — La réalité morale et la conscience. — Croyance individuelle et croyance collective. — L'imagination morale. — Sincérité scientifique et sincérité artistique.

Les sentiments, c'est-à-dire toutes les pensées
morales individuelles ou non contrôlées, doivent
être situées par la pensée d'*ensemble* que l'on peut
appeler synoptique ou synthétique, systématique
ou organisatrice, ou encore, selon l'usage courant,
réfléchie (1). On peut distinguer si l'on considère
les relations du sentiment et de la pensée morale
différents types moraux.

Certains pensent moins qu'ils n'ont l'intention
de penser. Ils aperçoivent, ils sentent vaguement
telle ou telle direction morale. Ils ont la conscience
d'être raisonnables, mais ils appliquent l'estampille
de la raison à la première croyance venue, imitée,
traditionnelle ou spontanée. Leur pensée ne se for-

(1) Voir, sur l'usage de ce mot, chap. 1er, p. 29, s.

mule pas en actions méthodiques rationnellement explicables. Mais elle s'exprime par des actes incohérents, explosifs, ou par une sorte de logique brute, incapable de s'adapter au réel. Elle s'accompagne d'émotions vives, violentes. Leur foi les entraîne comme ferait une passion physique. Elle n'est souvent, au reste, qu'une forme de leur tempérament, un moyen inconscient de satisfaire leurs amours, leurs haines, leurs passions personnelles et en suit toutes les variations. Ce sont les *humbles*. Toute forme de pensée a les siens, la science la philosophie comme la morale. Ce sont les auditeurs de cours publics, ceux qui encombrent les avenues de toutes les sciences jeunes, qui font de la philologie pour trouver l'origine du langage, du préhistorique pour percer le mystère de la création (1). Ils ont beaucoup d'enthousiasme et peu d'idées. Ils ont la passion de ce qui les dépasse. Ce sont parfois des intelligences à qui manque la culture. Ce sont parfois des sots, mais dont la bêtise est touchante, car elle consiste dans une incapacité d'analyser leur pensée, enveloppée qu'elle est d'émotions confuses et fumeuses (2).

Les humbles constituent la masse, l'appoint

<hr>

(1) Nous avons entendu M. Bréal faire un jour cette observation à la *Société de Psychologie*. Il notait que ces illuminés abandonnaient une science dès qu'elle commence à s'organiser.
(2) Voir le *Bouvard et Pécuchet* de Flaubert.

nécessaire de toutes les Eglises, de toutes les Écoles, de tous les partis. Ils sont le nombre ; ils sont la force. Ils ne sont pas seulement cela ; ils sont l'outil vivant de l'esprit. Car la pensée pratique agit peu en général si elle ne s'exprime en émotions *notables*, plaisirs, peines, désirs, etc., et lors même qu'elle est indifférente pour la conscience, sa puissance d'action n'est pas nécessairemement fonction des qualités qu'elle possède comme pensée (1). L'humble peut être dès lors plus actif que l'honnête homme qui pense ses actions, à plus forte raison que le critique de la morale ou le philosophe. Et cependant un penseur moral doit être d'abord un honnête homme. Car le sentiment ne s'oppose pas à la pensée synthétique. Tantôt il est cette pensée même sous sa forme confuse. Tantôt il est l'élément de pensée, la pensée infinitésimale, que la pensée synthétique intègre. Tout honnête homme unifie, achève en sa conscience les pensées embryonnaires qui souvent s'exprimèrent en gestes de révoltes. C'est pourquoi il doit aller retremper, réchauffer sa foi au contact de ces fois élémentaires, source d'action immédiate, ressentir comme la contagion suggestive des passions pures, sous peine de sentir se tarir en lui en même temps la source de la vie et celle de la pensée. Les grandes idées sociales

(1) Cf. chap. III, p. 84.

naissent dans les assemblées au contact même de la
foule qui les agite confusément. Quelques-uns les
repensent dans la solitude, comme le peintre qui,
pour fixer définitivement son impression sur la
toile, se recueille loin du modèle. D'autres, au contraire, ont besoin de la présence de la matière qu'ils
informent. Si le grand orateur ne pense que quand
il parle, c'est que sa pensée jaillit au contact des
consciences tumultueuses qu'il organise. Mounier.
dit M. Aulard, qui, soit dans son projet personnel
de Déclaration, soit dans le projet présenté par lui
au nom du Comité, n'avait trouvé que des formules
faibles, improvisa en pleine séance publique de
l'Assembeée, et fit accepter la formule forte du
préambule et des trois premiers articles (1).

Mais il ne suit pas de là que nous devions accepter
telles quelles les impulsions de la pensée confuse.
Le christianisme a inauguré le culte de l'humilité
comme telle. Sa doctrine primitive fut une doctrine
de démagogie mystique. S'appropriant : le *Vox
populi, vox Dei*, certains ont recueilli comme des
enseignements les plus grossières manifestations du
sentimentalisme des masses. Ils ont incliné leur
intelligence lasse d'analyse devant l'instinct populaire. Et ainsi s'est faite cette alliance si étrange

(1) Aulard, *Histoire politique de la Révolution française* p. 43;
Paris, 1901.

d'intellectuels anémiés, dégoûtés des jeux d'esprit, avec ce que le peuple contient de plus élémentaidement brute.

Cette philosophie repose sur une confusion. Il est vrai qu'il faut aller au peuple si l'on veut juger des souffrances du peuple, si l'on veut le guérir, si l'on veut savoir quel devoir s'impose à nous en présence de ses souffrances, puisqu'une pensée pratique ne peut naître légitime qu'au contact de son objet. L'idéal essentiel de la conscience moderne est la réalisation de la justice dans l'ordre de nos besoins; or, ces besoins nous apparaissent dans le peuple en toute leur pureté, à son contact aussi nous apparaîtra plus lumineux l'idéal qui doit les organiser. On peut, généralisant cette proposition, dire que la matière de toute réflexion morale, la perception morale commune a chance de se montrer dans les classes populaires libres des conventions mondaines, vivant d'une vie moins artificielle que les classes élevées, plus dégagée de tout alliage. Aussi bien que les pensées d'avenir y germent plus vivaces, le passé, la tradition, l'instinct de la race sont profondément inscrits dans la conscience des masses. Mais tous ces sentiments ne sont que la matière de la pensée. L'erreur des philosophes moralistes n'a pas été, comme le croient quelques apôtres de l'instinct, de prétendre que la pensée avait le droit d'organiser la vie individuelle et sociale, mais de mal entendre cette pensée, de s'imaginer qu'une pensée métaphysique, née de réflexions sur Dieu, la nature ou la raison en général, avait quelque droit à régler la vie. Notre vrai guide n'est ni l'instinct, ni une pensée transcendante, c'est la réflexion sur l'instinct (1).

Des philosophes ont, à vrai dire, soutenu que l'intention morale seule est susceptible d'approbation ou de désapprobation morale. C'est ce qui semble résulter, en effet, de certains jugements courants. Nous *admirons* l'intelligence, nous *respectons* l'effort moral. On conclut de là que l'intention seule caractérise la moralité. C'est là en un sens une question de définition. On peut réserver le nom de morale à la volonté impersonnelle seule, à l'exclusion de l'intelligence. Cela n'empêcherait pas que nous ne préférions l'honnête homme intelligent à l'honnête homme qui n'est que cela, qu'il n'y ait lieu par suite de caractériser l'honnête homme parfait. Le problème de la vérité morale resterait à résoudre en lui-même, quand on ne qualifierait de

----

(1) Il (le mouvement ouvrier) procède par révoltes, par enthousiasmes; il est puissant, mais brusque... Le rôle de la critique socialiste est de pénétrer le mouvement ouvrier, de reviser en quelque sorte les créations de l'enthousiasme et de donner aux institutions ouvrières naissantes, les seuls fondements qui en puissent assurer la solidité : les principes juridiques (Ch. Guieysse, *Le Mouvement socialiste*, 15 janvier 1903).

morale que l'intention seule. Mais si, en définissant la moralité par l'intention, on prétend être d'accord avec la conscience commune, il y aurait sur ce point bien des réserves à faire. Les sentiments qui s'attachent à la volonté, à l'intention comme telle, et ceux qui s'attachent aux qualités morales ou intellectuelles naturelles sont-ils aussi nettement distingués qu'on le croit par la conscience commune ?

Aux jugements par lesquels nous hiérarchisons les qualités naturelles ou intellectuelles, à l'ordre des perfections correspondent, en effet des sentiments qui ne sont pas proprement moraux. Nous admirons un génie mathématique sans que cependant notre admiration soit une admiration morale. Mais d'autre part on a de la colère contre les sots. Rien ne ressemble à un remords comme le regret d'un plaisir perdu. Nous appliquons à certains de nos actes même inconscients les catégories du bien et du mal, nous déclarant responsables de cela même que nous avons fait sans le savoir (1). L'hypothèse de Kant d'après laquelle toute notre vie se rattacherait à un choix inconscient, à un caractère intemporel recevrait ici comme une application positive. Enfin nous éprouvons à l'égard des actes comme tels, ou des agents même inconscients, un

(1) Cf. plus bas, p. 120.

sentiment particulier qui n'est pas proprement moral, qui diffère toutefois des sentiments provoqués par un événement naturel, quelque chose d'analogue à cette horreur sacrée que les anciens ressentaient en présence des auteurs de crimes comme celui d'Œdipe. Le sentiment de souillure persiste dans les consciences modernes, et peut-être que la connaissance même de ses origines religieuses ne l'effacerait pas. Nous serions Œdipe que nous aurions horreur de nous même comme lui. Peut-être avons-nous alors le sentiment que des limites indécises séparent l'être et l'agir. Sait-on ce qu'il y a de naturel dans nos vertus, de vertueux dans notre nature ? Sait-on même si une *nature*, un caractère qui est en somme un commencement absolu, une formule en un sens irréductible, n'est pas comme une liberté ?

Nous ne prétendons pas résoudre une question aussi complexe que celle que nous venons de poser; mais nous pouvons conclure de ces quelques observations que la conscience commune ne caractérise pas comme morale la seule intention consciente. Le culte de l'intention comme telle est une de ces croyances que l'analyse ou la connaissance de son histoire dissoudrait ou réduirait à une plus juste mesure. Il y a sans doute dans le culte que nous avons gardé de l'humble un vestige de notre éducation chrétienne. Peut-être la renaissance de **ce** culte ne fut-elle chez certains intellectuels qu'une forme de réaction contre un certain rationalisme idéologique (1). Peut-être enfin faut-il tenir compte ici de certaines préoccupations utilitaires. Nous glorifions surtout l'effort pratique, social. L'effort mathématique qui n'aboutit pas nous intéresse moins. N'est-ce pas un signe que nous estimons les intentions surtout pour leur valeur sociale ? On ne saurait méconnaître au reste qu'au respect pour l'humble qui n'est que cela se mêle ordinairement un peu de dédain.

Si l'intention morale a une valeur, c'est qu'elle conduit à la pensée morale, mais elle ne suffit pas plus à la constituer que les velléités de penser des autodidactes ne suffisent à en faire des savants. Il faut distinguer de la valeur morale des volontés celle des actes. Comme il y a une vérité scientifique objective, il y a une vérité morale objective. Cette vérité est celle que, dans des conditions déterminées d'expérience, tout homme raisonnable reconnaîtrait comme accessible sinon à tous, au moins à celui qui vit dans ces conditions. En ce sens il importe aussi peu à la vérité morale qu'à la vérité géométrique de savoir comment l'homme y a été amené. A la découverte d'un théorème vous pouvez suppo

(1) Voir sur ce point notre Conclusion

ser des motifs de vanité, le désir d'arriver à l'Institut par exemple. Cela n'empêche pas le théorème d'être vrai. Il y a de même une vérité morale qui se définit, indépendamment de la valeur de l'homme, par les conditions objectives de l'expérience morale. Il importe peu que l'analyse psychologique découvre après coup à la croyance un mobile intéressé. Il suffit que la croyance soit vraie en elle-même, c'est-à-dire qu'elle se soit détachée de ses origines au point qu'elle apparaisse vraie, ses origines même une fois connues. Il suffit qu'en présence de la vérité l'homme ne songe plus qu'à elle : en ce sens, en effet, mais seulement en ce sens, il n'y a pas de certitude sans intention désintéressée.

Pour juger de la vérité d'une croyance donnée il faut se demander non quelle a été l'intention originelle du croyant, mais son intention au moment où il a pensé. Bien plus : telle pensée intéressée chez son auteur peut-être trouvée vraie par un homme impartial. Peut-être bien des *libertins* le furent-ils pour s'affranchir de tout scrupule en matière de mœurs. Ce motif les conduisit cependant à des pensées vraies. Nous ne contestons pas d'ailleurs qu'il n'eût été mieux d'y venir par d'autres voies, que le meilleur moyen de trouver le vrai ne soit d'en faire son but constant, que cela ne soit plus moral, et seul moral. Mais cela n'empêche qu'une croyance ne puisse être vraie, quels qu'aient été ses motifs primitifs.

****

Ce que nous avons dit des humbles s'applique à plus forte raison à ceux qui ne se posent pas la question du bien et du mal, aux *génies amoraux*, producteurs de grandesc hoses : tel un Napoléon. Nous ne parlons pas pour le moment des génies qui eurent une conception peut-être fausse, étroite de la vie morale, mais qui en eurent une conception nette et voulurent la réaliser : tel un Bismarck, mais de ces hommes qui sont comme des forces naturelles (1).

L'instinct, la passion brute, l'intelligence qui les servent auront sans doute toujours leur place dans la vie. On peut en admirer le libre jeu. Mais l'homme qui se pose la question de la vérité de la vie ne peut que les combattre ou les régler. L'homme raisonnable, en quelque ordre que ce soit, n'accepte pas la passion comme telle. Une attitude dualiste s'impose à lui. Il admet la distinction de la vérité et de l'erreur, du bien et du mal. Que la nature tire parti de l'erreur et du mal, ce n'est pas son affaire. Il ne doit, il ne peut se placer au point de vue de la nature, au moins tant qu'il prétend

---

(1) Sur la morale de Bismarck, voir Andler, *Le prince de Bismarck;* p. 78.

agir, ou même comprendre. Le sentiment est par rapport à la conscience morale comme la nature par rapport à la pensée scientifique. La pensée utilise la nature, elle l'interprète, elle ne s'y soumet pas. C'est une contradiction de diviniser l'instinct, car c'est la raison qui l'élève à ce rang et par là-même se met au-dessus de lui, puisqu'elle le juge. Que celui donc qui veut être brute dise : « Je suis une brute », sans autre justification. On peut se passer de la raison. Qu'on s'en passe sans philosophie et sans phrase.

D'autres pensent sans doute, mais leur pensée est localisée. Ils vivent certains principes et, dans les limites de ces principes, ils ont laissé une œuvre. Mais ces principes mêmes, ils ne les ont jamais critiqués, ils les élèvent immédiatement à l'absolu ; car certaines intelligences sont capables de développer une pensée une fois donnée, mais non de la réfléchir. L'homme d'action, moral ou non, est souvent impuissant à imaginer le type d'une autre action que la sienne, et — il faut le reconnaître — son génie semble souvent fonction de son inconscience. On éprouve en présence de certains génies, forces fécondes et presque aveugles, une sorte de gêne, d'inquiétude. On en vient à douter de la raison. On ne saurait cependant enseigner comme règle de méthode de se refuser à la critique, de se mutiler volontairement l'esprit. Un homme peut ne pas se poser de question sur la vie, accepter tel quel le principe suggéré par son éducation, son milieu, son inspiration. Il ne peut se fermer exprès les yeux aux autres vérités. C'est mensonge ou lâcheté. Bien des inventions scientifiques ont été faites grâce à des raisonnements faux. On ne saurait cependant conseiller de raisonner faux pour inventer quelque chose. Ici encore nous n'avons pas le droit de faire l'office de la nature. On ne peut donner comme règle ce qui est de la *grâce*, l'exception, l'inspiration due à un décret spécial de la Providence, selon le mot de Renan. Il est possible que certains génies aient leur voie en dehors des voies communes. Il est peut-être puéril de flétrir Bismarck : il l'est plus encore de le prendre pour modèle, de se mettre par principe en dehors de la *critique*. Celui qui ne situe pas sa pensée peut être un grand homme, un beau produit de la nature Si grand qu'il soit, il n'en est pas moins justiciable de la raison critique. Je suis juge, moi qui essaie de penser, de l'usage que je puis faire de lui. La limitation que je lui impose est aussi légitime que son droit à être (1).

Au reste, il faut distinguer ces génies sans cri-

____

(1) Voir sur cette limitation des fonctions du génie dans les temps modernes, *infra*, p. 136.

tique des inventeurs en général. On peut inventer, tout en sachant ce qu'il y a de vrai dans les croyances de son temps. Et il ne faut pas confondre avec l'ignorance visible des idées ambiantes la tendance nécessaire de tout créateur à limiter sa connaissance aux besoins de sa pensée.

II

La question du rapport de la pensée confuse à la pensée claire se présente sous une autre forme. Quel usage la pensée réfléchie ou synoptique fait-elle de la pensée confuse ? Quel est dans une même conscience le rapport de ces deux pensées ? La pensée synoptique peut être critique, elle peut être créatrice, imaginer des systèmes. Considérons-la de ces deux points de vue.

Tout d'abord la pensée réfléchie hiérarchise les pensées qui se présentent à elle comme la nature à la pensée spéculative, c'est-à-dire les croyances morales communes, plus ou moins générales ou spéciales, devoirs envers la famille, la patrie, envers soi-même, etc. ; et aussi les désirs, les tendances égoïstes ou physiques. Or la question se pose du rapport entre cette matière morale et la pensée qui l'organise.

Il est certain que les moments sont rares de pensée consciente, claire, où nous nous opposons

notre vie tout entière pour la comprendre. Il est
certain encore que cette pensée spontanée non
repensée est, dans la plus grande partie de sa vie,
inconsciente, de sorte que la pensée critique est
débordée non seulement par la conscience morale
spontanée, mais par l'inconscient moral. Bien plus
la pensée réfléchie peut elle-même être inconsciente
quand nous sommes distraits, quand nous dormons.
La vie morale nous apparaît donc comme plus profonde, à tous les degrés, que la conscience que
nous en avons.

Mais voici qui nous la montre plongeant plus profond encore. Nous ne nous bornons pas à prolonger
telle quelle notre pensée individuelle dans l'inconscient. Une affirmation pose comme réel en dehors
d'elle-même, non seulement son être, mais l'être de
ce qu'elle affirme, dans la mesure où elle affirme
quelque chose comme vrai en dehors d'elle. Quand
je dis : *cela est*, aussi bien que quand je dis : *je suis*,
je projette dans l'inconscient l'être correspondant à
mon affirmation. Il entre dans une pensée quelconque une position de la réalité, de quelque chose
qui a sa vie propre en dehors de la conscience individuelle. J'affirme, et cela est inséparable de mon
affirmation rationnelle, que ce que je pense est en
un sens hors de ma pensée, a vécu avant moi, me
survivra, si ce que je pense est vrai et fondé dans la

nature des choses, qu'il a donc en soi des puissances
de développement que la conscience que j'en ai ne
fait pas. Or tous les hommes ou un très grand
nombre d'hommes partagent dans le même temps
la même croyance, et ils ne peuvent s'empêcher
tous de s'opposer à eux-mêmes comme durant en
dehors d'eux, comme pouvant revivre dans les
générations futures l'être de ce qu'ils affirment.
Nous pouvons donc relier en quelque sorte par une
courbe commune toutes les consciences d'un temps
et les représenter comme également traversées par
une Idée. Ce passage à l'objectivité ou à la réalité,
à l'être, est inséparable d'une pensée consciente,
quelle qu'elle soit, spéculative ou pratique.

Il est d'ailleurs impossible de prétendre déterminer la nature de ce que peut être en dehors de la
conscience cette projection nécessaire de notre conscience ou de son objet dans l'être ou l'inconscient.
Dire que cela est conscient pour une autre conscience, c'est ne rien dire, car quelque conscience
que nous imaginions, nous l'imaginons ainsi
comme prolongée au delà d'elle-même dans cet
inconnaissable. Nous avons essayé de montrer dans
un article paru il y a quelques années (1) l'absurdité
de tout effort pour représenter l'être sous forme de

<hr>

(1) *Essai sur quelques problèmes de philosophie première*, *Revue
de métaphysique*, 1893, p. 50 et sqq.

chose éternelle, d'existence immanente, unique, universelle, de personne. Dire que l'organisme conserve ce que nous ne pensons pas actuellement est plus misérable encore, car l'organisme est régi par des lois, ces lois sont des objets de pensée, l'organisme est donc un ensemble non seulement d'images, mais de pensées inconscientes, une grande raison selon le mot de Nietzsche. Mais si irreprésentable que soit ce prolongement dans l'être d'une affirmation ou de son objet, nous ne l'admettons pas moins nécessairement dans la mesure où nous posons une vérité, et ainsi l'affirmation consciente de l'homme peut être représentée comme débordée, lorsqu'elle affirme quelque chose en dehors d'elle, par un double Inconscient, l'affirmation individuelle inconsciente et la réalité qui correspond à cette affirmation.

La réflexion ne crée donc rien, elle connaît la réalité morale. Elle n'est qu'un instrument de connaissance. La réflexion apparaît comme un moment rare, comme un point lumineux qui se détache d'un cône d'ombre, l'inconscient, l'être moral. Ce n'est pas moi, comme on le dit ordinairement, qui par l'affirmation d'un idéal m'oppose à la nature ; je dirai plutôt : une nature qui *veut être* s'oppose par l'intermédiaire de ma conscience à la nature *qui est*.

La conscience morale réfléchie n'est dès lors qu'une forme, un cadre dont nous ne savons d'avance comment il sera rempli. Mon devoir est-il de me donner à autrui, de me retirer en moi pour penser? C'est ce que je ne puis savoir que par une observation toute pasive. La croyance morale évoluant peut s'arrêter à des points fixes. Mais il faut suivre modestement ses indications et non lui imposer, en vertu du préjugé de la raison autonome, des limites *a priori*.

Il suit de là encore que, pour savoir ce qu'est la réalité morale, il ne faut pas toujours s'adresser à la conscience. Comme toute réalité, un idéal moral a des signes objectifs par lesquels on juge de son existence, de sa force. On juge un homme sur ses actes, non sur ce qu'il en dit. On juge un penseur sur ses pensées réelles, non sur les phrases médiocres qu'il fait à propos ou autour d'elles. En ce sens, les sociologues ont raison de chercher à connaître la conscience d'une société, moins par les systèmes philosophiques ou sociaux qui peuvent la méconnaître de parti pris, surtout dans les temps où la pensée se croit autonome, que par les institutions, les coutumes, l'expression inconsciente de cet idéal (1). Une statistique bien faite des salaires attri-

(1) M. Guiraud croit les opinions des philosophes grecs et en particulier de Platon et d'Aristote sur le travail, contraires à celle de la société athénienne, fondées en grande partie sur une connais-

bués aux différentes professions, m'en apprendra plus sur l'échelle des valeurs sociales, selon l'opinion publique, que les théories de tel doctrinaire sur la nécessité de proportionner le salaire à la quantité du travail. Une bonne statistique de la population, des maladies produites par l'alcoolisme instruit davantage que des analyses littéraires de l'âme française. La conscience peut n'être qu'un signe superficiel et trompeur de la réalité psychologique. L'intensité de celle-ci peut avoir une mesure objective plus sûre que la conscience que nous en avons.

L'étude de quelques sophismes montrera bien la valeur purement formelle qu'il convient d'attribuer à la pensée critique. Par l'analyse précédente est éliminé d'abord le sophisme de l'individualisme métaphysique.

Selon ce point de vue, la véritable fin de l'homme est de prendre conscience de son moi impersonnel et profond, la réflexion sur soi. La véritable maxime de la vie humaine n'est pas : « Dis ou fais », mais : « Sois (1) ». Or, cette conclusion résulte d'une con-

sance superficielle des institutions égyptiennes, sur une appréciation erronée des lois spartiales, sur les préjugés surannés de l'aristocratie hellénique. *La main d'œuvre industrielle dans l'ancienne Grèce*, p. 46 (Bibl. de la Faculté des Lettres de Paris), F. Alcan.

(1) La règle suprême de la morale n'est pas : «Fais ceci ou dis cela. » Elle s'exprime ainsi : « Sois, sois toi-même. » Darlu, in *Essai d'une philosophie de la solidarité*, p. 139; Paris, F. Alcan. 1902.

fusion. De ce que la connaissance a en effet pour instrument le moi dans une attitude impersonnelle il ne suit pas que son seul objet soit le moi dans cette attitude. Je puis prendre conscience du moi impersonnel en réfléchissant sur mes semblables ou sur la nature. Il y a ceci de vrai sans doute dans cette vue de l'ancienne métaphysique que les devoirs envers les autres ne s'adressent pas aux autres en tant que tels. Ce n'est pas aux autres que je me sacrifie, mais à la vérité, à l'idée. Il y a ceci de vrai encore que la conscience du moi suffit à me distraire de la misère des choses. Celui qui n'est pas capable, selon le mot de Pascal, de rester *chez soi* est misérable. Il faut savoir se recueillir, se retirer en soi, se suffire à soi-même dans cette retraite. Sans doute. Mais il faut pour cela que cette retraite soit peuplée d'images, de souvenirs, de pensées, d'expériences. Il faut contempler en soi les idées parce qu'elles sont des promesses ou des résumés d'actions. Epicure souffrant cruellement d'une maladie de vessie, sur le point de mourir, évoquait le souvenir de sa philosophie et du bonheur apporté par elle au monde, et ainsi enchantait sa douleur (1). C'est tout ce que l'humanité a de meilleur que l'homme moderne évoque en son *asile intérieur*. C'est en ce

(1) Voir la lettre à Hermarchus, p. 139 et 143 : *Epicurea*, éd. Usener, 1897.

sens que Comte complétait par la vie de l'imagination et du cœur celle de l'esprit. La vie intérieure n'est donc consolante que si elle concentre en elle toute la vie des hommes et des choses. Je meurs en Jésus-Christ, dit le croyant. L'homme moderne ne meurt pas seulement en Jésus-Christ mais en toutes les pensées éternelles éparses dans les choses.

Sans doute encore cette retraite en soi-même peut être utile pour l'action. Il est bon que l'homme avant d'agir se replie sur lui-même pour prendre conscience de toutes les puissances d'action accumulées en lui. Mais ce n'est pas, ce ne peut être une attitude normale ou continue que celle où contractée sur elle-même la conscience prend son élan pour se réaliser dans l'univers, pas plus que celle du gymnaste lorsque avant de sauter l'obstacle il ramasse sur soi tout son corps. Isolé de la réalité morale qu'il organise, le moi pur n'est que le reste décoloré, le squelette sans chair des antiques mysticismes. Jadis la conscience rentrant en elle-même trouvait en effet un être à aimer, le *Dieu sensible au cœur*. Ce Dieu disparu, la conscience intellectuelle n'est qu'une forme vide.

A cette conception métaphysique sont liées des conceptions morales et pédagogiques fausses. Il n'est pas vrai que le souci de la pureté, de la perfection intérieure soit le premier qu'il faille donner à l'homme. Tout au contraire, de même qu'il vit d'abord hors de lui, comme une chose parmi les choses, avant d'être capable de réfléchir sa vie, c'est par le sacrifice à autrui que l'homme apprendra à se détacher de ses passions. Il ne faut pas dire : faites d'abord des hommes purs et vous ferez des êtres sociaux; mais, au contraire, faites des êtres sociaux et par là même ils deviendront purs et forts. C'est en intéressant les hommes à une œuvre sociale qui soit leur, à leur syndicat, à leur coopérative, en les arrachant à eux-mêmes, que vous les guérirez de l'alcoolisme. Le savant réfléchit bien, lui aussi, mais à propos de la nature, et il n'a pas besoin pour cette réflexion de connaître son moi intellectuel. On ne forme pas la raison en l'appliquant d'abord à l'étude d'elle-même. L'idée que la *morale monte de l'individu à la société* (1) résulte de cette conception que la conscience est une source de lumière qui rayonne, tandis qu'elle est plutôt un foyer qui concentre. C'est par un effet de la même erreur que l'on conçoit la métaphysique comme une science de la réflexion pure, comme si les idées et le soi pensant qui en fait l'unité se suffisaient à eux-mêmes.

L'individualisme subjectif, l'égotisme n'est pas sans parenté avec l'individualisme métaphysique.

(1) Formule de M. Boutroux.

Le moi réfléchit, donc il crée : tel est le sophisme
métaphysique. Le moi est l'instrument de la joie,
de l'action, donc il en est l'objet : tel est le sophisme
égotiste. De ce qu'il faut être soi pour agir on conclut qu'on cesse d'être soi en agissant pour autrui.
Mais pour se donner, il faut déployer sa personnalité avec autant d'énergie que pour rester enfermé
en soi. Le courage de s'affirmer soi-même est réel.
Il n'est pas le seul. Pour se sacrifier aussi il faut
d'abord s'affirmer. Inversement un individualiste
peut l'être par pauvreté de nature, par impuissance
de se donner sans se perdre, comme les viellards.
Les faibles au pouvoir sont jaloux de leur autorité.
Les forts n'ont pas peur du contrôle. Ils savent
qu'ils se feront toujours leur place. Ils aiment qui
leur résiste. Les prétendus sur-hommes isolés dans
leur orgueil sont des âmes étriquées, incapables
de s'ouvrir aux souffles du large. On ne peut même
prétendre que le moi soit le meilleur juge quand
il s'agit de ses intérêts, de ses passions. Il a sans
doute un critère qui manque à ses semblables, la
conscience de soi. Mais pas plus que la conscience
rationnelle, la conscience empirique ne constitue
toute l'individualité. Elle est le signe d'une réalité
bien plus profonde, d'un caractère, d'une certaine
formule de développement, et à ce titre nos semblables nous connaissent aussi bien, quelquefois

mieux que nous-mêmes. Je dois donc tenir compte
de leur témoignage, comme du mien, et juger de
moi comme d'autrui, impersonnellement.

Ainsi le moi, la conscience même rationnelle ne
se suffisent pas. La conscience réfléchie connaît seulement, sans y rien mêler de soi, la réalité morale.

*
* *

Voilà la thèse. Mais voici l'antithèse — et aussi
la synthèse.

Il serait absurde d'incliner la conscience individuelle réfléchie devant la conscience spontanée,
même collective, confuse ou diffuse, à plus forte raison devant les formes déjà cristallisées de cette conscience, les institutions, les coutumes. On croirait,
à lire certains sociologues, que l'homme doit se
confondre absolument avec le citoyen, le citoyen
avec la cité et toute la morale se socialiser. Ils semblent éprouver en face du donné social le même effa-
rement religieux que les économistes orthodoxes en
présence des lois économiques ou les anciens en
face de la nature. Les premiers inventeurs sem-
blèrent déranger un ordre sacré, intangible.
L'homme moderne, au contraire, considère la
nature comme un lieu d'expérience pour ses idées.

Ceux-mêmes des sociologues qui semblent
admettre la possibilité d'un idéal le conçoivent

comme tout entier manifesté par les signes objectifs qui l'expriment. La question est de savoir s'il faut dire à l'homme: « Pour connaître ton devoir regarde hors de toi », ou s'il faut lui dire : « Regarde hors de toi, mais aussi en toi. Ne te crois pas tenu de conformer ton *action* à un *savoir* quel qu'il soit. » Or, cette seconde alternative reste la vraie. Le critère définitif en matière d'idéal, c'est la conscience intérieure rationnelle. Celle-ci sans doute n'a droit à s'affirmer qu'après enquête, mais cette enquête est nécessaire, non suffisante. La raison réfléchie n'est qu'un point lumineux sans doute, mais sans ce point tout reste obscur. Bien loin de se perdre elle-même dans l'ombre de l'inconscient, elle ne se laisse envahir par lui que pour l'éclairer. Il est bien vrai que l'inconscience déborde la conscience, mais ce que nous projetons dans l'inconscience, ce n'est pas la pensée spontanée, c'est la pensée repensée. De même que nous projetons inévitablement dans la nature brute les lois découvertes par l'esprit en pleine conscience de soi, de même nous interprétons nécessairement du point de vue de la pensée morale consciente toutes les croyances données.

Il faut donc retourner l'hypothèse biologique ou naturiste. Les biologistes prétendent traduire dans le langage de l'instinct ou de l'inconscient brut toutes les relations morales. La réflexion morale

applique au contraire à toute la vie morale, à toute
la vie même inconsciente les idées qu'elle se fait
du bien et du mal. Nous interprétons *toute* notre
conduite individuelle d'un point de vue moral. Une
conscience pure redoute par-dessus tout les suggestions de l'inconscient : les dépister, tel est l'objet
de l'examen de conscience. Nous approuvons, nous
condamnons nos habitudes comme si elles étaient
l'œuvre de la pensée réfléchie. Il semble que nous
nous considérions parfois à la façon kantienne
comme si toute notre vie dépendait d'une décision,
d'une intention unique, comme si chacun de nos
actes était l'équivalent d'une volonté morale profonde qui nous échappe. Il arrive que nous nous
sentions honteux, épouvantés devant le spectacle de
la corruption naturelle qu'un acte, un geste irréflé-
chi nous révèle à nous-mêmes. Cela signifie que
nous traitons la nature comme une volonté, comme
une conscience claire et réfléchie (1).

Est-ce à dire que nous devions, comme certains
aliénistes du commencement de ce siècle, interpréter toute folie comme un péché, penser que nous
soyons responsables de tous nos actes (2). Non. La
croyance réfléchie est une hypothèse qui *s'éprouve*
au contact des croyances données, confuses, sans s'y

(1) Cf. plus haut, p. 100.
(2) V. Régis, *Manuel de médecine mentale*, 2ᵉ édit., p. 25; Paris, O. Doin.

croire liée. Nous avons ici un exemple de la façon dont la réflexion impose ou au contraire retire ses interprétations, obéit ou commande à la nature, selon les résultats de l'*expérience*. Nous ne pouvons qu'observer en critiques les différents points de vue auxquels la conscience *éprouvée* se place pour se juger elle-même.

Dans quels cas rapportons-nous nos actes même inconscients à notre volonté consciente ? Nous en indiquons ici quelques-uns à titre d'exemples. Si nous reconnaissons dans les actes même qui n'y sont pas consciemment rattachés les marques d'une intention consciente, nous portons sur eux les jugements, et nous éprouvons à leur sujet les sentiments que nous ressentirions en présence d'actes volontaires. Ainsi l'on reprochera à un homme qui a cédé à un amour coupable les premières faiblesses auxquelles il s'est abandonné presque inconsciemment. Il arrive en effet que les actes humains présentent, lors même que les motifs en ont été inconscients, une liaison si rationnelle que l'hypothèse d'une volonté consciente comme cause de ces actes paraît comme vérifiée par les faits. Mais dans l'incertitude où nous sommes en général sur le véritable déterminisme de nos actions, nos jugements dépendent plutôt du parti pris que nous avons sur la vie. Un caractère moral craindra d'attribuer à la nature, par trop de complaisance pour soi-même, ce qui est la faute de sa volonté. C'est ainsi qu'on s'efforce de se trouver en faute pour justifier autrui, la divinité par exemple, comme un Hérodote ou un ami envers qui *nous voulons* être coupable. Il peut arriver qu'alors un observateur extérieur s'oppose à notre parti pris au nom d'un déterminisme objectif: *Vous n'avez pas cela à vous reprocher*. Enfin, il y a des cas où nous nous déclarons responsables de ce que nous avons fait, sans que notre acte nous paraisse cependant avoir une signification morale. C'est le cas de la responsabilité civile. Il semble que nous distinguions alors notre individualité en général, notre identité psychologique de notre identité morale et que nous considérions la première comme un enfant dont la seconde aurait la charge. Nous sommes liés à elle par un de ces engagements tacites qu'impliquent ces obligations de patronage, en vertu desquelles nous répondons pour autrui. On pourrait étudier dans la législation et la jurisprudence sur l'homicide par imprudence la relation de la responsabilité civile et de la responsabilité morale qui se traduit socialement par une responsabilité pénale. Ainsi la croyance à la fois réfléchie et *éprouvée* vérifie ou contredit la croyance simplement réfléchie d'abord posée comme hypothèse.

La législation, la morale codifient de même en formules définies, et nous interprétons à l'aide de ces formules la conduite instinctive des sociétés et des individus dans ces sociétés. La caractéristique de la raison moderne est précidément qu'elle essaie de tout définir en langage de conscience claire. L'idée du contrat privé est à la base de nos législations modernes, et cette idée suppose des individus débattant en connaissance de cause leurs intérêts et leurs droits. L'idée du quasi-contrat n'est autre que celle même du contrat en tant qu'elle sert à interpréter des engagements implicites. Nous nous reconnaissons comme engagés sans contrat explicite, de sorte que tout se passe comme si nous avions contracté. M. Léon Bourgeois a heureusement généralisé cette notion et montré comment les devoirs envers la patrie, les droits de la patrie sur nous, nous apparaissaient aujourd'hui comme des relations contractuelles résultant pour le citoyen des services reçus de son pays. Déjà Socrate interprétait ainsi l'obligation pour le citoyen d'obéir aux lois de la cité (1). Mais le contrat apparaît aujourd'hui comme liant également les deux parties, et M. Léon Bourgeois insiste, en même temps que sur les droits, sur la dette de la cité et des plus favorisés de la cité à l'égard des citoyens déshérités. Si cette dette reste

(1) Voir le *Criton*

impayée, le sentiment de l'injustice commise risque d'affaiblir le sentiment patriotique. De même, le père ou la mère ne doivent plus compter pour se faire respecter sur les droits que leur confère leur titre de parents. Les devoirs de l'enfant envers ses parents sont en grande partie des devoirs de reconnaissance. Les relations en apparence les plus instinctives tendent à prendre une forme rationnelle et réfléchie. Nous allons jusqu'à supposer de la raison chez des êtres qui en sont encore incapables, des droits à l'enfant qui n'en a pas conscience. Tout se passe comme si l'enfant voulait être instruit, élevé, etc. Et cette formule correspond mieux à nos sentiments modernes que celle des devoirs de la société envers l'enfant; car cette dernière implique encore une idée de protection et en quelque sorte de condescendance. La formule du droit de l'enfant présente déjà l'enfant comme une *personne*.

Du point de vue de ces croyances sociales conscientes, réfléchies, nous approuvons ou nous condamnons la conduite inconsciente des individus ou des sociétés. La transformation qui s'annonce dans le sens d'une solidarité économique organisée se fait au nom de ce principe qu'il y a des injustices sociales inconscientes. Tel d'une moralité en apparence irréprochable — comme ces honnêtes propriétaires anglais qui de 1838 à 1846 s'opposèrent

à la liberté du commerce des céréales — peut n'hésiter pas à demander des lois qui privent du nécessaire toute une catégorie de ses concitoyens. Le
plus grand danger pour la vie morale ne vient pas
de l'égoïsme conscient de l'individu, mais de
l'égoïsme collectif sanctionné par les institutions et
les codes, et qui constitue notre atmosphère sociale.
Le procédé ordinaire pour défendre une idée nouvelle est de montrer qu'on l'appliquait déjà *sans
s'en douter*, d'exttraire la formule impliquée dans
nos actes antérieurs. Vous vous prétendez, disent
par exemple les Etatistes, partisans de la liberté individuelle, mais vous admettez déjà l'autorité de
l'Etat en telle ou telle matière. L'analyse de Marx a
consisté à mettre au jour l'injustice inconsciente
qui caractérise les relations économiques contemporaines. Il a montré que sous les relations appa-
rentes de valeurs échangeables, se cachaient des
relations d'homme à homme, ou plutôt de classe
à classe. Car l'ouvrier n'échange pas, comme il le
semble, son travail contre de la monnaie, marchandise contre marchandise. Mais comme il ne possède
pas les moyens de production, c'est sa force de travail tout entière qu'il met sous la dépendance de
la classe qui possède. Le profit ne résulte pas de la
plus grande productivité des choses. Il n'est pas
davantage la récompense du travail ou du mérite,

un juste salaire. Il résulte de ce fait que la classe possédante, de quelque manière qu'elle ait conquis la propriété, dispose de la classe salariée comme d'une marchandise et peut ainsi garder pour elle une partie de la valeur que la seconde a produite. La théorie de Marx traduit donc dans la langue de la conscience claire et, quoi qu'il en ait dit et pensé, dans une langue morale et juridique, des relations dont l'habitude nous dissimule la nature et qu'à cause de cela l'économie politique orthodoxe exprime en langage de *choses*. Par là Marx réveille, inquiète la conscience morale que l'économiste orthodoxe rassure en lui persuadant que la misère, le profit, le chômage, etc., sont des nécessités naturelles.

Mais ici encore il importe de ne pas poser comme absolue une certaine forme de la raison. Ma pensée synthétique confronte ses idées avec les croyances morales données pour savoir ce qu'en définitive, son enquête achevée, elle veut. C'est une erreur des sociologues de tendance trop exclusivement juridique que de réduire les relations morales à n'être que des relations grossièrement contractuelles, où tout se balance en droit et avoir. Il y a des relations d'affection, et celles-ci aussi créent des devoirs et des droits. Il y a des devoirs d'amitié, et l'amitié à ses droits. La jurisprudence reconnaît à celui que

la faute d'un autre a lésé dans ses affections un droit
à des dommages (1). Nous avons des devoirs envers
la famille, la patrie, non pas seulement parce
qu'elles sont nos créancières, mais parce que nous
les aimons invinciblement et qu'un amour invincible est comme un principe (2). Il s'agit de confronter ces principes spéciaux avec les devoirs
humains de façon à en délimiter les frontières.
Nous ne reprocherons pas, par exemple, au citoyen
d'un pays hostile aux idées qui lui sont chères de
changer de nationalité. En bien des cas cependant
nous l'admirerons davantage si, comme Alceste
espère guérir Célimène de ses défauts, il ne renonce
pas à convertir son pays.

Ce qui différencie foncièrement la théorie du
quasi-contrat et en général les théories rationnelles
contemporaines des théories contractuelles et rationnelles du dernier siècle, c'est que celles-ci posaient
entre les hommes des relations éternelles, statiques,
figées. Nous devons au contraire suivre dans la conscience commune, dans la jurisprudence, dans les
verdicts du jury les diverses applications que la con-
cience fait d'une idée et les limites de ces applications. On trouvera dans divers ouvrages juridiques
des études de ce genre. M. Emmanuel Lévy a étu-

____

(1) V. Chausse, De l'intérêt d'affection, *Revue crit. de législ.*,
1895, p. 431; Lacoste, note dans Sirey, 1897, 2ᵉ série p. 26.
(2) Voir chap. II, p. 63 et 64 et IV, p. 91.

dié de ce point de vue la jurisprudence relative à la responsabilité et au contrat (1). L'étude du droit devient de plus en plus celle de la croyance au droit. A la scolastique juridique se substitue la psychologie des croyances juridiques. La conscience réfléchie utilise cette psychologie sans se soumettre d'avance à ses résultats; mais elle ne se fixe qu'après l'avoir connue.

C'est pour avoir posé d'emblée, sans les confronter avec d'autres, certaines idées sociales comme absolues que des esprits simplistes sont allés jusqu'à attribuer comme des fautes intentionnelles aux individus qui en profitent inconsciemment les injustices résultant de l'organisation sociale. On a traité les capitalistes d'exploiteurs. Faire des profits, c'est en effet tirer de l'argent des salariés sans leur consentement, et c'est là proprement la définition du vol. Mais un homme n'est pas coupable s'il habite sans le savoir une maison volée. Il est vrai que tout honnête homme devrait, quand on la lui découvre, reconnaître qu'il participe à une injustice sociale organisée ; tel sera certainement le sentiment de l'homme sans préjugé. Mais l'habitude nous a rendus si insensibles à cette injustice et la réparation

____

(1) Responsabilité et contrat, par M. Emm. Lévy, *Revue critique de législation et de jurisprudence*, 1899. Cf. entre autres *Revue trimestrielle du droit civil*, n° 1, 1902: La jurisprudence et la doctrine, par M. Esmein.

en demande un effort si compliqué et si continu
qu'il faut être, tout en luttant pour la vérité, indulgent à ceux qui y ferment les yeux. D'autre part il
faut tenir compte non seulement de l'innocence des
intentions des détenteurs d'une propriété injuste,
mais du travail incorporé dans la fortune actuelle,
qui méritait en effet salaire, et aussi des compen-
sations dues aux droits acquis (1).

Nous avons supposé que la pensée critique, organisatrice jugeait, hiérarchisait les pensées confuses.
Mais elle peut aussi les solliciter. La pensée réfléchie
est jugement. Elle est aussi imagination rationnelle.
Il importe peu. Une théorie générale de justice
sociale ou internationale peut être conçue d'abord
par l'esprit ; mais de quelque façon qu'elle naisse,
il faut qu'elle subisse la vérification expérimentale
de la vie tout entière. Elle peut, à la suite de cette
vérification, se maintenir ou se dissoudre pourvu
que ce maintien et cette dissolution résultent de
cette seule épreuve. La coutume ne doit pas régler
la vie non plus que la raison réfléchie. Celle-ci reste
bien le dernier juge, mais à condition d'avoir pris
conseil en quelque sorte de la coutume. La raison
consciente n'est ni souveraine absolue, ni sujette.
Elle est comme ces rois que représentaient les théo-

(1) Voir sur ce point Andler, *Origines du socialisme d'Etat en
Allemagne*, p, 475; Paris, F. Alcan.

riciens de l'ancien régime, souverains en théorie, mais qui ne décident en fait qu'après l'avis des Etats (1).

III

Nous avons distingué les divers degrés, les diverses formes de la pensée morale. Nous avons montré l'usage que la pensée réfléchie doit faire de la pensée spontanée. La question qui se pose est maintenant de savoir la relation de ces diverses consciences réfléchies ou qui prétendent l'être.

Pas plus que je ne puis savoir d'avance quel sera l'objet des devoirs révéélés à ma conscience impersonnelle, pas davantage je ne peux prévoir si la vérité morale se révèlera à ma conscience ou à celle d'autrui. Imaginer que la pensée individuelle se suffit à elle-même, c'est encore confondre l'instrument de la connaissance et son objet. Tout homme qui veut être raisonnable doit donc contrôler sa pensée par celle d'autrui. Mais la question qui se pose est de savoir si la vérité morale a plus de chance de se révéler à tous ou à un seul. Quelle est la valeur de la croyance commune ?

Toute idée veut se communiquer, devenir croyance commune. Tout précurseur n'en appelle-t-il pas à l'avenir ? Il faut seulement définir la

(1) Cf. dans *La Science de l'Hypothèse*, de M. Poincaré : Introduction, p. 3, une comparaison analogue.

croyance commune, le public auquel s'adresse une idée. Il n'est pas besoin, sans doute, pour qu'une théorie physique soit valable, de l'adhésion du public profane. La croyance commune est ici celle des hommes compétents qui ne créent pas. Si ceux-là restaient indéfiniment rebelles à une idée, cette idée serait dite fausse. Le *consentement de soi-même à soi-même* reste le dernier critère de la certitude ; mais ce consentement même serait impossible si l'adhésion publique lui faisait indéfiniment défaut. Il semble que la certitude des consciences directrices ou dominatrices doive être reproduite dans toutes les autres consciences avant d'être tenue pour définitive. De même une loi de la nature peut être établie par une seule expérience. Mais cette expérience présuppose des généralisations empiriques préalables, la constatation *per enumerationem simplicem* de la persistance des conditions actuelles du monde. Elle doit de plus être répétée et la multiplicité de ces répétitions accroît, en quelque sorte, chaque jour la certitude primitive. La loi saisie par un acte de pensée unique et en quelque sorte intensif s'exprime par une généralité indéfinie (1). Il faut de même que la croyance morale, concentrée en une conscience, se répète, s'étale dans toutes les consciences avant d'être acceptée par

(1) Cf. chap. VII, p. 190-91 et 191-94.

l'humanité et en un sens par la conscience même où elle est née. En toutes choses, l'intensif s'exprime en extension, et cette expression en est aussi un complément nécessaire. L'intensif ne se suffit pas. Telle croyance peut même avoir été si longuement critiquée et contrôlée par la conscience de tous qu'elle n'a plus besoin d'être éprouvée à nouveau par la conscience individuelle. La vérification *extensive* supplée à la vérification *intensive*.

- Ces règles générales s'appliquent à toute certitude. Voici qui est caractéristique de la certitude morale. Tout d'abord, les compétences sont ici plus nombreuses. La matière de la pensée est donnée à tous et chaque jour : c'est la vie pratique tout entière ; le besoin brut lui-même a droit de se faire entendre ; il est la matière de l'idéal, de la justice. Ici, plus qu'en aucun ordre de réalité, l'inventeur trouve la formule de pensées éparses dans la masse des hommes, plus qu'il n'apporte une idée absolument nouvelle. Il doit ouvrir sa conscience non seulement aux croyances définies ou réfléchies, instinctives, mais aux croyances encore en germe : car, comme nous l'avons vu (1), la pensée morale ne naît pas toute faite, mais se forme en quelque sorte de pièces et de morceaux, par des tâtonnements lents et incohérents. Le consentement uni-

(1) Chap. III, p. 76, s.

versel ou quasi tel, s'impose donc ici à tous comme vérification plus ou moins lointaine de l'idéal. Il y a ainsi des croyances qui finissent par faire partie des données immédiates de la conscience morale, du patrimoine commun de l'humanité. Il y a un moment où la résistance a une croyance, où la quantité et la qualité de ses adversaires deviennent négligeables : telle l'opposition des anti-vaccinateurs. Il semble que tel soit le cas de certains principes de 89, qui ne sont plus guère contestés que par les déductifs, les gens de lettres, par tous ceux qui préfèrent à leur conscience un système, un dogme, une phrase, tous gens qui ne savent ou ne veulent pas faire une *expérience morale*.

C'est pourquoi, toutes choses égales d'ailleurs, il y a lieu de tenir compte, pour faire choix d'une croyance, de la quantité de ses adhérents, de sa puissance d'expansion, de sa fécondité, des dévouements, des intelligences qu'elle suscite. C'est aussi un préjugé en faveur d'une croyance qu'elle se rattache à d'autres croyances de même direction. Dans une époque démocratique tout tend à prendre la forme démocratique, la famille, la vie politique, la vie économique. Les grands courants sociaux nous entraînent par le fait que nous vivons dans un certain milieu. Ils sont comme la perception commune d'où l'expérimentateur prend son point de

départ et qu'il accepte provisoirement. Le contrôle
des autres consciences est d'autant plus nécessaire
à ce moment de l'histoire où nous sommes, qu'une
foi nouvelle ne peut plus en appeler des hommes
d'aujourd'hui qu'aux hommes de demain. L'appel
devant Dieu nous manque.

C'est ce contrôle constant de notre conscience par
les autres consciences qui rend aujourd'hui, en
morale comme ailleurs, les génies dominateurs,
monarchiques, moins nécessaires et plus rares. L'esprit systématique et orgueilleux des grands créateurs de doctrines s'explique en partie par la conception qu'ils se faisaient de la vérité comme
unique, globale, telle par suite qu'un esprit pouvait
l'embrasser d'une seule vue, *uno intuitu*. Si au contraire la vérité est saisie par des approximations
indéfinies sans cesse revisables, si l'on peut douter
qu'elle consiste en autre chose qu'en ces approximations mêmes, chacun peut saisir un coin, une
face des choses. L'attitude dogmatique des génies
des autres consciences est d'autant plus nécessaire
jusqu'à, peut-on dire, l'époque contemporaine, des
solitaires. Au xviie siècle encore les grands esprits
étaient isolés dans leur pensée comme les seigneurs
dans leur château. Ils traitaient entre eux comme
des féodaux, s'envoyant des défis, des cartels. Ils
voyaient dans les autres hommes moins des colla-

borateurs que des sujets rebelles à la vérité dont ils étaient seuls dépositaires ; et, de fait, à peine y avait-il alors un public scientifique. La vérité descendait alors vraiment de la conscience individuelle à la conscience de tous. Mais la pensée s'est aujourd'hui démocratisée. Grâce aux communications plus rapides, à l'instruction plus répandue, l'appel fait aux hommes a désormais plus de chance d'être entendu comme il en a moins d'échapper au contrôle.

Les porteurs d'une idée morale étroite et puissante auront de plus en plus à tenir compte de la critique, de la morale collective. Nous ne sommes plus dans la période héroïque de la science et de l'action ; la diffusion de la culture, la démocratisation de la pensée oblige les créateurs eux-mêmes à tenir compte de l'opinion, non seulement parce qu'elle est une force, mais parce qu'elle est une lumière. Il faut que le génie, les grands partis pris moraux reçoivent leur limite de la conscience commune. Parce que l'homme admire le torrent, doit-il se laisser emporter par lui ? Il l'utilise. Qu'il utilise aussi s'il peut les génies sans critique, les héros, expression brute de leur race, les hommes d'une seule vertu.

L'erreur féconde aura toujours son rôle dans l'histoire, mais elle ne s'imposera plus avec la vérité qu'elle enveloppe, d'autorité et comme un bloc. En cela consiste la démocratie en quelque ordre que ce soit. C'est le régime où aucune raison ne se reconnaît le droit de se passer des autres, où toutes les raisons se contrôlent réciproquement. Il y a une organisation démocratique du travail scientifique, parce qu'il y a un public scientifique conscient dont le plus grand génie est le tributaire.

*
* *

Mais on peut d'autre part opposer à la croyance commune que jamais dans aucun ordre elle ne fut un critère. Toutes les découvertes se sont faites contre la conscience commune. Les idées morales nouvelles naissent en général dans des milieux limités, fermés, réprouvés par la société. Il en est de la morale comme du langage : l'autorité n'y appartient pas à l'usage, mais à l'*inventeur, à celui qui crée les formes dont se sert ensuite le commun des hommes, à l'écrivain, au philosophe, au poète* (1).

La certitude intérieure, le consentement de soi-même à soi-même restent donc toujours le critère, le but ultime. Il ne faut pas chercher l'accord avec les hommes directement et pour lui-même. Il faut chercher la vérité, c'est-à-dire un certain état inté-

(1) Nooren, cité par Bréal, dans l'article : «Qu'appelle-t-on pureté de la langue?» *Journal des Savants,* 1897, p. 205.

rieur de certitude irrésistible. L'accord avec les hommes viendra par surcroît.

La conscience individuelle a besoin sans doute que son image soit répétée à un nombre aussi grand que possible d'exemplaires dans les autres consciences. Mais elle seule est juge du nombre et de la qualité des répétitions, des reproductions d'elle-même qui lui sont nécessaires pour se satisfaire, du moment où elle a besoin de se compléter, du moment où elle se suffit. C'est là ce qui subsiste des théories de la certitude fondées sur un individualisme métaphysique.

Nous avons supposé que la croyance morale pouvait un jour devenir collective. N'en est-il pas de strictement individuelle? N'y a-t-il pas des devoirs qui sont miens, exclusivement miens, que je dois affirmer contre toute opinion, de quelque autorité qu'elle vienne? J'ai le droit, le devoir d'être moi. Sans doute. Mais je n'ai le droit d'être moi qu'après enquête, comme je n'affirme l'existence d'un fait singulier que parce que j'ai constaté par une comparaison parfois longue et pénible, qu'il est seul de son espèce. Et ceux contre lesquels j'affirme mon individualité, ont le devoir de l'éprouver avant de l'accepter telle quelle. Tous ceux qui me connais-

sent et s'intéressent à moi doivent lutter contre
toute décision par laquelle je prétends rompre en
visière avec la société, et cela non par un préjugé
en faveur de la foule et de ses conventions, mais
pour éprouver la rationalité de ma décision. Car
une pensée raisonnable ne l'est qu'à condition de
se comparer. C'est pourquoi les parents font bien
de s'opposer au mariage de leur enfant s'il prétend
se justifier par l'amour seul, sans considération des
habitudes sociales, de façon à se rendre compte si
cet amour est vraiment une foi, un devoir. Ils doivent céder alors, mais seulement alors. Il s'agit non
de supprimer mais de discerner le point, le moment
exact où l'individu a le droit de s'affirmer. Une fois
que l'individu a pris conscience de lui-même, il se
doit d'être lui-même. Il est une vérité comme l'univers. Les circonstances, les accidents des choses doivent être reconnus par le savant comme aussi réels
que les lois qu'ils limitent.

*
* *

Le véritable honnête homme est celui qui après
enquête situe sa croyance. Il a présents à l'esprit
non seulement tout le contenu de sa propre conscience, mais toute la conscience contemporaine,
tous les types moraux actuellement vivants. C'est là
la première sorte de connaissance nécessaire à l'hon-

nête homme. Il est doué d'*imagination morale*.
L'horizon de la conscience moderne s'est élargi. Il
y a place encore aujourd'hui pour la plupart des
types moraux, pour ceux même que beaucoup
croient périmés, les types de l'aristocrate, du conservateur, de l'ascète, etc. Mais ils doivent se transformer par le frottement nécessaire d'autres types
de vie (1).

L'honnête homme use de la croyance d'autrui
se faire la sienne et il désire communier avec
les autres esprits. Mais quand sa certitude ne serait
acceptée des autres hommes, bien plus quand elle
ne vaudrait que pour lui, quand il la saurait individuelle, elle n'en serait pas moins une certitude, et
les mêmes règles s'imposeraient à lui pour la former. On n'a le droit d'être soi irréductiblement
qu'après une enquête impersonnelle. La forme de
la pensée resterait universelle, quand le contenu
en serait singulier. La conscience rationnelle n'est
pas tout ; mais elle juge de tout.

Il est vrai de dire que le premier devoir est d'être
sincère. Un manuel de méthodologie morale est un
manuel de sincérité. Mais il faut distinguer la sincérité d'une raison et celle d'un tempérament, ou
encore celle d'un penseur proprement dit et celle
d'un artiste qui n'exprime que son tempérament.

(1) Cf. chap. VIII, p. **222** et sqq.

Il y a des hommes qui modèlent leur vie comme une œuvre d'art, œuvre individuelle, parfaite *en soi*, indépendante de l'univers. Ceux-là sont des artistes, non des savants. Le savant ne vise pas à la perfection de son œuvre considérée en elle-même, mais dans ses rapports avec les connaissances déjà acquises par l'humanité, avec l'univers. On distingue le savant de l'artiste en morale, à ce trait que le savant, tout en étant lui-même, ne tient pas à parfaire son attitude dans tel détail de langage ou de costume, par exemple, qui n'a qu'une importance esthétique.

La sincérité dont il est ici question est celle d'une conscience impartiale qui se situe.

CHAPITRE VI

DES DIVERSES FORMES DE LA PENSÉE RÉFLÉCHIE

Morale éternelle, actuelle. — Morale abstraite, concrète. — Du
rôle de la logique et de l'extension logique en morale. — Les
principes moraux moyens. — Les artifices logiques.

La pensée morale, disions-nous plus haut, n'est
pas nécessairement permanente (1). On peut dire
plus. Une pensée morale *spéciale* ne peut être que
mobile, variable. Il y a sans doute entre les différentes croyances qu'a partagées l'humanité aux différents moments de son histoire des analogies ; mais
ces analogies sont comme des formes indéterminées
qui ne peuvent rien nous révéler sur les vérités
morales vivantes, pas plus que la notion générale
de substance ne peut servir à la physique. Nous ne
devons pas chercher d'abord, comme pensaient les
métaphysiciens, comme pensent encore les moralistes d'école, un idéal éternel pour en faire à notre
temps, à nous-mêmes, une application particulière.
Mais nous devons au contraire déterminer d'abord
la croyance qui convient à notre temps, à nous-
mêmes. Cela résulte de ce que nous avons dit plus

(1) Ch. IV, p. 90-91

haut à propos de l'action. La croyance étant une action, une adaptation, est nécessairement quelque chose de particulier et de variable. On agit dans un temps, dans un pays, dans une famille, avec un caractère déterminé ; et ce qu'il y a d'éternel dans notre action ne s'atteint pas directement, mais implicitement en agissant dans ce temps, dans ce pays, dans cette famille, avec ce caractère.

Aussi, jamais âme qui compte ne visa-t-elle l'éternité *comme telle.* Les vieux rhéteurs représentent Phidias contemplant la beauté éternelle, résidu de toutes les beautés contingentes. Il n'y a d'éternel, disait au contraire Gœthe, que les œuvres de circonstance.

Le savant lui-même, quoique la nature extérieure se répète plus que la nature morale, ne cherche pas une formule supérieure, transcendante au temps ; mais il considère la science au moment présent de son développement. Il ne considère pas les ressemblances permanentes, ce qu'il y a d'identique dans le contour des choses pour en continuer le tracé. Il se met en présence des idées scientifiques contemporaines, et il retrouve, sans les chercher, les formes permanentes de la connaissance humaine. La relation du temps et de l'éternité a été en quelque sorte intervertie. C'est le temps maintenant qui met à son service l'éternité.

Nous ne nions pas que l'humanité n'ait acquis des connaissances définitives, même en morale. Mais elle les adapte à sa vie actuelle, et pour cela il faut d'abord qu'elle vive, prenne conscience de sa vie propre. Il n'y a de morale sérieuse que celle qui prétend à être contemporaine. Ce qui nous différencie des anciens, c'est qu'ils étaient de leur temps sans le savoir. Nous devons en être consciemment. Si même — ce qui est légitime, ce qui est souvent le cas surtout pour les esprits jeunes — nous avons été éveillés à la pensée par la découverte des grandes perspectives métaphysiques ou historiques, il faut les oublier pour être tout entiers à la vie, et les retrouver ensuite après avoir traversé la vie (1).

Il y a quelque chose de puéril à cause de cela dans les condamnations, les apologies rétrospectives, si elles portent sur des conditions de vie trop différentes des nôtres et impossibles à revivre. Elles expriment seulement notre vue actuelle de la vie. Les partisans du déterminisme historique ont raison en ce sens qu'à partir d'un certain moment, les événements ne peuvent plus être considérés qu'objectivement, comme des faits de la nature, comme détachés des volontés humaines qui ne peuvent plus rien sur eux. Ils font alors partie des choses mortes soumises à des lois éternelles. L'erreur n'est pas de

(1) Cf. p. 81.

croire qu'il y a des lois objectives, mais qu'il faut
se mettre pour vivre au point de vue de l'objectivité, de l'éternité. L'illusion des dévots de la nature,
de quelque nom qu'elle s'appelle, évolution, histoire ou même raison, est d'étendre sur la vie tout
entière l'ombre de la mort.

Il reste cependant quelque chose de la conception
des vérités éternelles, et nous la restaurons en un
sens. Car nous répudions les théories qui imposent
en quelque sorte à la croyance une certaine dimen-
sion du temps, la conformité avec le passé ou
l'avenir, l'historisme, l'évolutionnisme. Nous pensons au contraire que la croyance est *actuelle*, c'est-
à-dire non pas indéfiniment fuyante dans la durée,
mais immobile en son centre, et seulement exprimée en durée et en mouvements par les actions dont
elle est la formule (1). Mais si l'on doit aux métaphysiciens une psychologie exacte — dans ses
grands traits — de la croyance rationnelle, de la
præsens evidentia, ils ont eu tort de confondre le
contenu et la forme de cette croyance. Quand nous
pensons rationnellement, notre pensée est immobile, intemporelle, et en ce sens, *sub specie æterni-
talis*. Mais il n'est pas nécessaire que cette pensée
soit toujours la même. On conçoit une *succession
d'idées fixes*. Telle est la pensée humaine. C'est

(1) Cf. chap. VII, p. 188 et sqq., et 193-94.

pourquoi son essence est à la fois d'évoluer et d'être *actuelle*. Elle pense autre chose aux différents moments de l'histoire, mais ce qu'elle pense à chacun de ces moments, elle le saisit dans un acte indivisible, intemporel.

II

On fait volontiers de l'abstraction le signe de la raison morale comme de la raison en général. Mais il y a des morales concrètes, il y a des morales abstraites, également défendables, légitimes. On a déclamé contre les abstractions mortes, contraires à la vie, contraires en particulier aux morales nationales, vivantes. Les romantiques regrettaient le temps des libres amours, des énergies librement déployées du moyen âge, comme si les vertus abstraites ne vivaient pas, n'avaient pas eu leurs héros, les martyrs de la Loi ou de l'Idée. En revanche on a déclamé contre les instincts bruts érigés en doctrine, glorifié la morale nouvelle qui franchit les frontières comme la science, la grandeur, le caractère philosophique de la légalité abstraite. Ni la pensée abstraite, ni la pensée concrète n'ont cependant par elles-mêmes le privilège exclusif d'être des pensées. Penser une chose, un groupe déterminé, penser les relations abstraites de deux choses, c'est également penser. Un devoir concret est aussi légitime qu'un devoir abstrait, comme une loi particulière est aussi vraie qu'une loi universelle.

Sans doute les devoirs qui lient des individus à des individus, les devoirs d'affection, de fidélité ne doivent pas ordinairement occuper toute la conscience. On peut rarement justifier l'homme d'un seul devoir et d'un devoir aussi limité. Les âmes de ce genre ne sont pas en général raisonnables. Elles ne situent pas leur pensée. Elles sont en dehors de la morale commune et en ce sens il n'y a pas de morale concrète au sens strict du mot (1). Mais il y a des systèmes de morale qui s'appliquent à l'homme *tout entier* et à ce titre peuvent être appelés concrets. Les relations morales féodales sont des relations d'homme à homme, unissant le vassal au seigneur d'un lien personnel qui les enveloppe l'un et l'autre tout entiers dans leur conduite politique, économique, sociale, religieuse même.

Les relations actuelles des hommes sont au contraire devenues à la fois abstraites et générales. Elles rapprochent des hommes appartenant à des groupes, à des milieux très divers, par certains de leurs attributs, les laissant à d'autres points de vue étrangers, indépendants les uns des autres. Je dépends comme citoyen d'un préfet, d'un ministre.

(1) Cf. chap. V, p. 213 et sqq.

Je ne dépends pas de lui pour l'achat, la vente, l'administration de mes biens. On admet que tous les hommes, quelles. que soient leurs inégalités à d'autres points de vue, sont égaux devant la loi civile ou pénale. Je puis être à la fois le chef et le subordonné d'un de mes concitoyens. L'industriel peut avoir pour maire son ouvrier. On s'indigne que le pouvoir économique, la fortune permette de disposer des votes ou des consciences. La théorie de la division des pouvoirs est une des conséquences de cette conception abstraite. L'abstraction est une des conditions de la liberté moderne.

On pourrait dire que la société et la législation moderne analysent l'homme en ses éléments moraux ou sociaux comme la science moderne a analysé la nature. La science d'Aristote est encore concrète, car elle classe les choses telles qu'elles sont données dans l'observation. La science moderne dissout plutôt les groupes naturels pour en étudier les *éléments* les plus généraux.

L'abstraction fondamentale qui est à la base de notre organisation comme de notre morale sociale est l'abstraction économique. L'homme est essentiellement aujourd'hui un être qui échange. Plus encore que le propriétaire des moyens de production, le propriétaire des moyens d'échange est le véritable souverain. L'argent donne véritablement ce que Marx appelait le pouvoir sur le travail d'autrui. Mais cette souveraineté est invisible parce qu'elle ne s'exerce pas *in concreto* d'homme à homme. Elle circule avec la monnaie, le billet de banque qui sont des possibilités de marchandises, de jouissance, de domination, c'est-à-dire des abstractions. Nous sommes les esclaves d'une abstraction anonyme et mobile.

A cette organisation fondée sur l'échange correspond une morale, une justice de l'échange. A cette organisation économique abstraite correspond une morale abstraite. On légifère sur l'*homo œconomicus*. Des tribunaux spéciaux, conseils de prud'-hommes, tribunaux de commerce, statuent sur ces relations. La foi sociale qui s'annonce est une foi abstraite. Le dévouement à la vie, au bien-être de ses semblables a pris une forme abstraite. Il n'est plus, ou il n'est plus seulement le sacrifice d'un homme à un homme ou même d'un homme à un groupe très général, à la nation, à une classe sociale, mais à un certain caractère de ce groupe, à son bien-être, à son affranchissement économique. Tel est l'idéal du prolétariat, et cet idéal s'est élargi en idéal humain. Abstraite dans sa fin, la morale sociale l'est aussi dans ses moyens. Elle tend à se réaliser sous la forme propre à la science et à la vie modernes, par une organisation coopérative complexe qui suppose une division abstraite du travail, une résolution du travail en ses éléments.

Cet idéal a ses enthousiastes, ses apôtres; mais cet enthousiasme est grave, impersonnel, tel qu'il convient à des organisateurs sociaux. C'est la joie austère et profonde qui vient de la science, de la méthode. Ceux qui en sont capables ne le sont pas toujours de cette charité discrète, intime, de ces relations d'âme à âme, individuelles, toutes de choix, telles que les communautés chrétiennes les ont réalisées. Je puis avoir le sentiment de cette communion abstraite avec les hommes, sans être capable du don complet de ma personne à une autre personne. Certains de nos contemporains persistent à ne pas comprendre ce type de morale. Ils ne peuvent se détacher de la morale concrète qui lie l'individu à l'individu ; leurs âmes fines et délicates reculent effarées devant les grandes abstractions sociales, les grandes voix qui les propagent. Ils s'imaginent guérir les maux de la société moderne, par la charité, l'action personnelle. Ils ne voient pas que l'amour tend, en effet, comme ils le veulent, à reconquérir le monde, mais ils ne le reconnaissent plus sous la forme abstraite, organisée, juridique, qu'il a revêtue. Notre morale est celle de la grande usine, ils veulent retourner au petit atelier.

Ce n'est pas à dire cependant que seule la morale abstraite soit vivante. Elle cède sur bien des points à la pression de sentiments plus concrets. Il y a d'abord des cas exceptionnels où le devoir abstrait plie devant le devoir individuel. On ne reprochera guère à un fils de ne pas juger sa mère avec une absolue impartialité. Il est fâcheux que l'on favorise à l'excès les fils dont les pères *avaient tant de talent*. Il est malaisé de ne pas leur en savoir gré. Le principe de la division des pouvoirs n'empêche pas que le gouvernement ne puisse et ne doive, en certains cas, s'entendre avec le pouvoir judiciaire, non sur les décisions à prendre, mais sur la date si importante parfois où il convient de mettre la justice en mouvement, sur l'opportunité de certaines poursuites. Mais nous ne parlons pas seulement ici de ces cas singuliers. On peut noter sur quelques points une régression générale vers certaines formes de morale concrète. C'est ainsi que par l'introduction des circonstances atténuantes en 1832, on a commencé à modifier le caractère abstrait de la législation pénale révolutionnaire et impériale. La création du jury est le signe d'une tendance analogue. On en vient à donner plus de liberté au juge dans l'application de la peine. On discutera prochainement la loi de pardon. On a déjà voté la loi de sursis. On veut *individualiser* la peine. Dans l'ordre économique, à la formule socialiste abstraite de la socialisation des moyens de production se substituent les formules plus souples. On peut même dire que le socialisme en général s'est opposé aux abstractions économiques, en ce sens qu'il a retrouvé sous ces abstractions les classes, les hommes qui en sont les sujets vivants. Le socialisme marxiste a même exagéré cette conception en posant comme un dogme essentiel la lutte de classes. La morale socialiste est concrète en ce sens encore que, sur une base économique, elle prétend édifier une philosophie nouvelle qui prenne l'homme tout entier, une synthèse nouvelle de la vie. Sur un point en particulier, il semble que notre morale se soit concrétisée, car s'il y a un devoir international, il y a certainement un devoir national, vivace en certaines consciences au point qu'il domine, exclut presque tous les autres.

Jusqu'à quel point les abstractions vivent ou meurent, c'est ce que seule peut nous apprendre une analyse directe, expérimentale, de notre conscience agissante, des consciences qui se posent comme des autorités ou des témoins.

III

C'est par les mêmes principes que se résout le problème de l'usage de la logique en morale.

Etre logique, pour un honnête homme, c'est d'abord ne pas se contredire dans ses actes, persister dans une croyance, s'il n'y a pas d'autre raison d'en changer que l'égoïsme ou l'intérêt. Une partie des devoirs dits stricts, devoirs envers soi-même ou devoirs envers autrui, est fondée sur ce principe. La maxime de la dignité, de la tenue morale, le « sibi constare » des anciens en est l'application, aussi bien que le devoir de tenir sa promesse. Il n'est même pas nécessaire que le contenu d'une action soit qualifié moralement pour que la contradiction sans raison ou motivée par l'intérêt paraisse immorale. Un homme qui change ses habitudes, son costume, uniquement pour plaire à un supérieur est méprisable. Ne pas tenir une promesse même moralement indifférente, insignifiante, est une faute. Il faut respecter les règles du jeu, quel que soit le jeu. Lors même que la dérogation à ce principe semblerait pouvoir se justifier par des raisons supérieures, nous avons peine à l'accepter. Nous n'admettons pas que la justice pénale soit viciée par des considérations étrangères, politiques ou autres.

On saisit la cause profonde de cette réprobation. Le premier devoir de l'honnête homme est d'user de son intelligence, de sa raison. La première forme de la raison, c'est la raison logique, le maintien d'une affirmation comme telle, tant que cette affir-

mation n'est pas contredite par un fait ou par une
autre affirmation qui découvre l'erreur de la première. La raison logique n'est autre que le principe général de la tendance à être appliqué aux pensées. Une pensée tend à se maintenir, à durer. Or à
cette tendance correspond un devoir qui est précisément le *devoir de non-contradiction*. Car il y a
sentiment du devoir toutes les fois que, la spontanéité de la raison étant amenée par un obstacle à se
réfléchir, la volonté supplée à la spontanéité défail-
lante. Et nous avons vu que nous avions conscience
d'être raisonnables toutes les fois qu'un état de
conscience quelconque est habituel ou dominant
dans la conscience. Toutes nos habitudes peuvent
ainsi devenir, du moment qu'elles sont conscientes,
des principes que l'on a scrupule à contredire sans
raison grave (1). Le sentiment du droit naît de
même. C'est avant tout un sentiment d'*attente*,
selon la formule de Hume ; c'est l'attente du devoir
d'autrui. Et de même que le sentiment de l'obligation et le sentiment du rationnel, le sentiment du
droit naît de l'habitude, de la répétition. Il suffit
que quelqu'un nous ait rendu longtemps un service
pour que ce service nous apparaisse comme une
obligation pour lui et un droit pour nous.

La probité, l'accord avec soi-même, toutes les ver-

(1) Cf. chap. 1ᵉʳ, p. 25

tus logiques, sont de celles qui forment le lien
moral commun à tous les hommes. L'humanité
n'a pas toujours donné aux contrats, aux lois le
même contenu ; elle a toujours tenu pour juste.
— au moins dans la période de civilisation ou même
la période historique — de respecter les lois, les
contrats. Mais on a longtemps admis que cette vertu
n'était, comme toutes les autres, obligatoire pour
un groupe que dans l'intérieur de ce groupe. Socrate posait la question de savoir si et dans quelle
mesure on peut tromper un ennemi. On la pose
encore ; dans la bataille des partis, certains font
flèche de tout bois. Mais tout homme qui admet une
thèse semblable met son dogme, sa secte au-dessus
de la raison, de sa conscience rationnelle. Quiconque
juge impartialement posera comme fondamental et
universel, comme le lien de toutes les croyances,
leur caractère formel, de même qu'un savant présuppose dans une controverse scientifique les conditions formelles de toute pensée. Les *braves gens de
tous les partis* sont d'abord ceux qui gardent la foi
jurée.

Une réserve est cependant nécessaire. Il peut y
avoir contradiction dans nos formules et non dans
nos actes. On connaît la boutade de Sydney Webb :
« Le conseiller municipal individualiste marche sur
le pavé municipal, éclairé par le gaz municipal et

nettoyé par les balais municipaux (1)... » La raison
de cette contradiction est pour quelques idéalistes
pratiques, qu'ils ne savent ce qu'ils doivent faire
qu'en présence des choses, par une adaptation immédiate au réel. Ils ne savent pas extraire la formule
de leur action. D'autres le pourraient mais n'osent,
ne voulant abstraire et généraliser qu'à bon escient,
reculant devant une déclaration qui limiterait la
liberté vivante et mobile de leurs décisions. Il
arrive alors que, comme il faut cependant se ranger
sous un drapeau, se classer, on accepte les formules
traditionnelles qui disent autre chose que les actes.
Sans doute la vraie doctrine étant la doctrine
vivante, cela importe peu en un sens. Cependant
outre que cela peut tromper les naïfs qui sont dupes
des mots, il y a toujours danger pour soi-même à
ne pas dégager sa formule. Car on risque alors de
se contredire, même dans ses actes, sans s'en apercevoir, de faire, pour ne pas bien s'être rendu
compte de la direction générale et profonde de sa
volonté, autre chose que ce qu'on veut (2).

On peut donc poser comme une règle essentielle
de la pensée morale, la règle de la non-contradiction. Le premier signe de l'immoralité, c'est la contradiction volontaire ou intéressée. Un parti est

(1) Cité par Vandervelde, *Le collectivisme et l'évolution industrielle*, p. 164.
(2) Cf. chap. VII, p. 202-206.

immoral si sa formation s'explique uniquement par
une coalition incohérente d'intérêts opposés. Mais
cette règle n'est exacte qu'à une condition : c'est
que la croyance morale où l'on persévère paraisse
toujours vraie, qu'aucune autre croyance ne s'y
oppose ou ne la limite. Dans ce cas il y a conflit de
devoirs, conflit qui se résout par l'épreuve de la
conscience. Si, par exemple, mes sentiments humanitaires sont en opposititon avec mes sentiments
patriotiques je me déciderai non en vertu de ce
principe que les devoirs envers l'humanité sont
supérieurs aux devoirs qui nous lient à des groupes
particuliers, au nom d'une hiérarchie universelle,
éternelle, des devoirs posée une fois pour toutes,
mais d'après une expérience qui peut varier selon
les moments, les lieux. J'aboutirai sans doute ainsi
à des règles générales. Mais ces règles ne seront
point posées comme absolues et définitives. Elles se
dégageront d'expériences morales revisables. De
même que le savant tient pour certains les résultats
de là science tant que les faits ne les démentent pas,
l'honnête homme est prêt à modifier sa croyance, si
une autre aussi impérieuse la limite ; il tient sa
conscience ouverte comme le savant sa pensée.
Qu'est-ce que l'équité sinon la limitation d'un
devoir, regardé ordinairement comme absolu, par
un autre devoir d'extension moindre, résultant

d'une circonstance particulière, d'une situation spéciale ? Or cette limitation est rationnelle si la conscience sincèrement consultée y consent. La question est de savoir si en limitant un principe on cède vraiment à une certitude éprouvée et non à l'intérêt. Le principe d'identité ne gouverne exclusivement ni les actions ni les pensées.

*
* *

On désigne du nom de logique une opération assez différente de celle que nous venons de définir. Je réduis deux croyances à une croyance commune ou j'étends à un domaine de la vie une croyance appliquée dans un autre. Ce *principe de l'extension logique* doit être distingué du principe de non-contradiction ou de l'accord logique. Ne pas se démentir, appliquer un principe préalablement posé ou étendre un principe d'un domaine de l'action à un autre, ce sont deux opérations distinctes. Or, on les confond sans cesse dans les polémiques courantes. Vous admettez l'égalité des droits politiques et vous vous refusez à reconnaître des droits économiques. Vous voulez l'égalité et vous refusez tout droit politique aux femmes. On oppose cela à l'adversaire comme une contradiction. Or, une objection de ce genre n'a cependant aucune valeur.

Remarquons d'abord qu'en fait, soit les individus, soit les sociétés limitent sans cesse l'extension des principes. On lit dans Michelet : « Un mot profond a été dit sur la Vendée et il s'applique aussi à la Bretagne. Ces populations sont au fond républicaines ; républicanisme *social* non *politique* (1). » Tel savant allemand, partisan énergique des libertés académiques, se soucie peu de liberté politique. Les colonies néo-zélandaises ou australiennes sont monarchistes, impérialistes et elles appliquent un programme de réformes socialistes. Le socialisme municipal est réalisé en Angleterre même par des politiques conservateurs. En France, bien des mesures sociales sont votées indifféremment par tous les partis politiques.

Y a-t-il lieu de penser que ces limitations apportées à l'extension d'une croyance l'affaiblissent nécessairement, que le mouvement social, par exemple, est moins actif, quand il n'est pas fortifié d'un mouvement politique? Cela est douteux. « En Italie comme en France, en Angleterre comme en Espagne, on ne voit que trop, dit Ferri, de républicains ou de radicaux dont l'attitude devant les questions sociales, est plus bourgeoise et plus conservatrice que celle des conservateurs intelligents (2). » Le mouvement coopératif ne s'est jamais développé

(1) Michelet, *Histoire de France*, éd. Lacroix, vol. II, p. 13.
(2). Ferri, *Socialisme et Darvinisme*, p. 62.

aussi rapidement en Danemark que sous un gouvernement étroitement conservateur (1). La Maison
du peuple de Gand est l'œuvre d'un prolétariat sans
droits politiques. Au mois de décembre 1900, les
ouvriers finlandais inaugurent la Maison du peuple
malgré la tyrannie russe. On a même pu se demander si les luttes politiques ne détournaient pas à
l'excès des luttes sociales. On a dit : le député socialiste belge Anseele aurait-il créé le Vooruit s'il avait
pu connaître, avant 1892, les tentations de la vie
parlementaire? Certaines fractions socialistes attachent peu d'importance à la forme politique du
pouvoir. Nous n'avons pas à dire ici pourquoi nous
croyons qu'une telle attitude serait funeste en
France au développement d'une démocratie sociale.
Mais qu'il en soit ainsi, cela tient à des causes historiques très puissantes, non à des raisons nécessaires
intrinsèques. La même solution ne s'appliquerait
peut-être pas à l'Italie. Les socialistes italiens semblent provisoirement au moins, assez indifférents
à la forme politique (2).

Or ces limitations n'existent pas seulement en
fait ; elles sont aussi justifiables en droit. Il n'est
aucunement nécessaire *a priori* de ramener à un
même principe des principes divers, d'étendre uni-

(1) Voir dans *L'Européen* du 14 décembre 1901, l'article de M.
Ivan Berendsen.
(2) Voir *L'Européen*, 18 octobre 1902, p. 12.

versellement en principe. En ce sens ce n'est nullement un devoir d'être logique, de pousser jusqu'au bout ses idées. Un chroniqueur philosophe discutait récemment dans *Le Temps* avec beaucoup de finesse et d'esprit la question de savoir si nous sommes ou non propriétaires de notre image. A-t-on le droit de prendre et de garder de nous ou de quelqu'un des nôtres un *instantané* sans notre *consentement* ? (1) L'auteur de l'article constatait un *instinct de résistance* à la doctrine d'après laquelle notre image, celle des nôtres seraient toutes à tous ; mais il concluait qu'il était assez difficile, *si on fait taire l'instinct, si on consulte la raison*, de légitimer notre titre à l'absolue propriété de notre image. Tout ce qui vit, tout ce qui existe n'appartient-il pas en définitive aux yeux de tous ? L'auteur posait donc *a priori* comme légitime l'absolue extension d'un principe. La limitation de ce principe est une affaire *de cœur*. N'y a-t-il pas ici comme une superstition de l'abstraction, de la généralisation logiques ? Si une limite s'impose invinciblement à l'extension de ce principe que notre image est toute à tous, cette limitation est aussi rationnelle que ce principe même. Guizot, je crois, répondait à ceux qui réclamaient le droit de vote pour tous : « Pourquoi pas aussi pour les animaux » ? Tel est en effet le

(1) Voir les « Menus Propos », dans *Le Temps*, 5 septembre 1902.

11.

grand sophisme révolutionnaire. Il semble qu'une croyance vraie puisse s'étendre par droit de conquête. Les hommes sont égaux : ils doivent tous être vêtus de même, se tutoyer également. Nous avons des bras comme eux, nous mourrons comme eux ; pourquoi ne serions-nous pas leurs égaux ? Ainsi raisonnaient les paysans révoltés contre leurs seigneurs. Sophisme respectable puisqu'il fut à l'origine de grands et nobles mouvements sociaux, mais qu'il n'en faut pas moins dénoncer. Nos pères ont fait de grandes choses ; faisons comme eux, mais pour des raisons meilleures. La tendance logique ainsi entendue n'est que la forme intellectuelle de la brutalité. Le peuple pousse ses idées jusqu'au bout comme il fonce sur l'ennemi quand il est en colère. Certains métaphysiciens contribuent à le maintenir dans cette brutalité en perpétuant cette illusion de l'absolue autonomie des idées, en cherchant dans la raison en soi le fondement de la République (1) ou dans le principe de causalité celui de la justice (2).

On applique aussi arbitrairement le même principe de la tendance à être, du droit à être à la nature. La nature, dit-on, est *logique*. La Faculté de médecine réprouve en général tout usage, si

---

(1) Voir Chartier, *Revue de métaph.*, janvier 1901.
(2) Voir Lapie, *La Justice par l'Etat*, p. 41; Paris, F. Alcan, 1899.

modéré qu'il soit, de l'alcool, pour cette raison que la légère excitation qu'on se donne avec un peu d'alcool n'est après tout que le premier degré de l'ivresse. A quoi l'on pourrait répondre avec M. Duclaux qu'un repas est le premier degré de l'indigestion (1). C'est une proposition qui peut-être traîne encore dans quelques cours que l'habitude naît nécessairement du premier acte, car sans cela comment naîtrait-elle ?

On ne saurait cependant méconnaître la valeur de la déduction en morale, j'entends cette déduction qui se fait à l'intérieur de la morale même et non celle qui consiste à relier la morale à des principes qui lui sont étrangers, à une métaphysique ou à une biologie. Par la déduction se développent, s'étendent les croyances. L'égalité des hommes au point de vue pénal devient l'égalité civile, politique, etc. Par la déduction se résolvent bien des conflits de devoirs. Je suis un individu libre, qui n'accepte de devoirs que ceux que m'imposent les relations que je contracte avec d'autres individus, les obligations de droit privé. Or l'Etat m'impose des obligations comme souverain par une autorité supérieure à ma conscience, à mon droit individuel. Il y a donc conflit du droit privé et du droit public. Mais je constate que dans certains cas je me recon-

(1) Duclaux, *l'Hygiène sociale*, p. 213, Paris, F. Alcan, 1902.

nais comme individu des obligations implicites, résultant d'une situation de fait. J'applique cette notion du *quasi-contrat* aux relations du citoyen avec son pays (1). Le seul fait d'avoir vécu dans une société nous engage implicitement à en accepter les charges. Voilà le droit public ramené dans une certaine mesure au droit privé, et l'antinomie de la société et de l'individu résolue. Je suis débiteur de mon pays comme je le suis de mes concitoyens (2). Le pardon corrige la rigueur de la justice et s'y oppose en certains cas. Mais la charité n'est-elle pas la justice ? Car si le coupable est coupable, n'est-ce pas souvent par la faute de la société qui l'a mis par une organisation défectueuse dans l'impossibilité d'être bon ? Le pardon devient dès lors juste réparation. En morale comme en science, l'identification du distinct est un des procédés de l'invention.

On peut dire plus. Toute croyance tend à être, à s'étendre, à dominer, à organiser les autres. Elle suit la loi de toute vie. Et cette tendance devient un devoir, du moment que rien ne s'y oppose. Celui qui, par exemple, admettant l'internationalisme de l'industrie, de la finance, de la science, s'indigne

----

(1) Voir sur ce point : *Solidarité*, 2ᵉ édit., par Léon Bourgeois; Paris.

(2) Voir sur ce point Andler, *Revue de mét. et de morale*, 1897 : Du quasi-contrat social et de M. Léon Bourgeois.

que les ouvriers défendent leurs intérêts internatio-
naux, limite par un égoïsme coupable l'extension de
l'idée internationale. En ce sens c'est un devoir
d'être logique.

Mais qui dira jusqu'où doit aller cette extension
d'une croyance, ce devoir ? Car il faut qu'ils aient
une limite. Or, il n'y a aucune raison pour que
l'élan de la pensée s'arrête ici ou là, sinon, dans
l'ordre théorique, l'expérience objective, dans l'ordre pratique, l'*expérience morale*. Une croyance
morale tend à être, à s'étendre, comme tout sentiment, tout état de conscience. Cette extension est
légitime *dans la mesure où les consciences qui
comptent, après s'être éprouvées, la veulent*.

Nous avons dit quelques-unes des conditions de
cette épreuve ; nous insistons sur l'une d'elles, la
plus importance peut-être. Une croyance vraie est
avant tout celle *qui s'est éprouvée au contact du
milieu qu'elle concerne*. Il suit de là que nous
devons faire subir à toute croyance morale que nous
sommes tentés de généraliser des épreuves successives au contact des milieux où nous voulons la réaliser. Les utopistes, les romanesques en morale par-
tent de principes intellectuels universels qu'ils
appliquent comme d'autorité à chaque domaine de
la vie. C'est contre cette méthode que Marx et
Engels s'élevaient avec raison. Il s'agit d'éprouver

la croyance à chacune des étapes nouvelles. Je puis dans une certaine forme d'injustice lire toute l'injustice humaine. L'égalité politique peut me faire rêver d'égalité économique. Mais il s'agit de savoir si après m'être placé dans le milieu économique contemporain, au contact de ceux qui souffrent des inégalités sociales, une fois examinés les moyens de réalisation de mon idéal, l'état de la classe ouvrière, l'interdépendance des égalités politique et économique, je maintiendrai, et sous quelle forme, mon système de justice sociale.

La nécessité de cette vérification n'apparaît pas toujours, parce que l'élan d'une croyance est si fort qu'à peine est-il besoin de l'éprouver à chacune de ses étapes. Il semble qu'il en soit ainsi aujourd'hui pour l'idéal de démocratie sociale — au moins pour beaucoup de consciences. Mais lors même que le mouvement d'une croyance est tel que son extension apparaît comme allant de soi, la forme propre, spécifique de l'idéal ne se connaît que par un contact quotidien avec le réel. En tous cas les moyens d'action ne se connaisent pas *a priori* et la forme propre de l'idéal dérive en partie de la connaissance de ces moyens. Inversement il y a des cas où une idée nouvelle est en désaccord avec tant de courants divers et convergents qu'à peine est-il besoin de la réfuter.

Les généralisations morales modernes ne doivent
plus avoir dès lors le caractère des principes moraux, tels que les anciens ou les rationalistes du
xviiiᵉ siècle les formulaient. Les généralisations peuvent être un point de départ de la recherche morale,
mais à titre d'hypothèses. Une fois passées à l'état
de vérités, elles sont la synthèse de résultats par-
tiels, obtenus par des enquêtes spéciales, dans des
domaines spéciaux. Elles sont constituées par des
apports successifs et multiples. La foi démocratique
moderne n'est plus un principe rationnel, elle est
l'aboutissant commun d'évolutions diverses, politique, économique, intellectuelle. M. Rist notait
récemment la différence qui sépare l'Internationale
en train de naître aujourd'hui de l'accord des fédé-
rations ouvrières d'abord nationalement organi-
sées, de l'Internationale primitive qui commença
avant d'exister par proclamer son existence (1). Une
croyance générale est faite de croyances particulières qui l'alimentent comme ses affluents un
fleuve. Elle n'est pas le fleuve qui distribue ses
eaux. Rien n'est plus faux en ce sens que la conception économique de l'histoire prise en un sens
étroit. Le mouvement général d'un siècle n'est pas
fait d'un seul mouvement qui se communique à

(1) M. Charles Rist, La reconstitution de l'Internationale, *L'Européen*, 18 octobre 1902.

tous les autres. Il est la résultante de mouvements particuliers tous dirigés dans le même sens. C'est pourquoi l'éducation d'un peuple doit se faire par toutes les voies, et il est naïf d'imaginer que le changement des conditions économiques suffirait à transformer toute la superstructure sociale. Certains intellectuels commettent l'erreur inverse, quand ils prétendent convertir les foules par un enseignement philosophique, en leur apportant la nourriture spirituelle.

*
* *

L'extension d'un principe est indépendante de sa nature. Un sophisme familier aux abstracteurs à outrance est de se poser comme les défenseurs de l'idée d'unité, de la seule unité rationnelle. On a défendu au nom de l'unité, de l'universalité de la raison, la légalité abstraite sous laquelle nous vivons, l'égalité de tous les hommes devant la loi. Mais les relations d'homme à homme, de classe à classe, telle que les définit une morale féodale peuvent être aussi universelles qu'un système de relations abstraites, de même qu'une classification des êtres par genres et par espèces, la conception aristotélicienne de la nature, est tout aussi universelle que la conception cartésienne qui dissout les choses en certains de leurs éléments, mécaniques ou géométriques.

De plus nous avons supposé dans ce qui précède
que l'extension d'un principe se faisait toujours par
l'extension d'une même forme à des actes divers,
la forme féodale ou démocratique se retrouvant
alors dans tous les domaines de la vie, dans la
famille, dans la corporation, dans la citée. Mais il
y a pour un principe une autre façon de s'étendre.
Des devoirs, de forme d'ailleurs diverse, peuvent
être subordonnés à des devoirs dominateurs comme
des moyens à une fin. Le respect de la vie humaine
est-il un principe en soi, ou cesse-t-il avec la
déchéance morale de la personne ? Le patriotisme
est-il un devoir autonome ou n'a-t-il de valeur que
s'il est subordonné au devoir envers l'humanité ?
On s'apercevra qu'un principe cesse d'être une fin
en soi lorsqu'on commence à le justifier. Un principe sert à justifier toutes les autres vérités, loin
d'avoir besoin de justification. La question de savoir
si le patriotisme est un devoir spécial ou non se
résout ainsi. Y a-t-il dans le sentiment, dans le
devoir patriotique quelque chose sur quoi — après
enquête — vous vous refusiez à toute discussion ?
Il y a par suite selon les moments historiques,
selon les types moraux ou sociaux, plus ou moins
de dogmes moraux irréductibles, essentiels, auxquels les autres sont subordonnés, ou pour lesquels
ils deviennent de simples instruments ou moyens

d'action. On peut dire par exemple que ne pas
mentir, ne pas tuer, ne pas faire souffrir, sont, dans
certaines conditions, pour l'homme moderne des
devoirs absolus, qu'au contraire la médiocrité des
désirs, l'ascétisme est considéré non comme un état
supérieur en soi, mais comme un moyen pour
affranchir l'esprit.

La puissance d'unification d'un principe est
donc indépendante de son degré d'abstraction ou
de généralité logique. L'unité peut être produite
par la subordination des moyens les plus généraux
à une fin particulière. Une morale sociale peut être
parfaitement une si des devoirs multiples sont
subordonnés à une croyance fondamentale mais
spéciale. Tel le patriotisme national dans une fédération d'Etats. Un empire despotique est un. Nous
croyons, que la morale actuellement vivante, rationnelle, est, pour une grande part, une morale abstraite et logique, mais nous avons horreur des
sophismes pieux. C'en est un de dire que seule
notre morale égalitaire et abstraite réalise l'unité
exigée par *la Raison*.

*
* *

Est-il vrai que, lorsqu'une croyance cesse d'envahir le champ de la conscience, cela suive nécessairement de ce qu'elle est limitée par une autre ?

Il semble qu'une croyance cesse parfois de s'étendre par une sorte d'épuisement naturel auquel il serait malaisé de trouver une raison. Je veux que ce qu'il y a dans les hommes de foncièrement commun se manifeste par des institutions essentiellement égalitaires. Faut-il pour cela que tous les hommes s'habillent de même, reçoivent un égal salaire, vivent en commun ? Les consciences modernes fixent à ces extensions d'un principe des points d'arrêt. Est-ce toujours parce qu'un autre principe les limite ? Un clergyman refusait à son vicaire l'autorisation de venir à son église en tandem, mais lui permettait deux chevaux attelés de front. Comme le vicaire s'étonnait de cette défense en apparence contradictoire à la première, le clergyman répondit en faisant successivement avec les deux mains, d'abord le geste de la prière, puis un pied de nez. C'est ainsi que peut-être une différence de degré dans l'extension d'un principe se traduit pour la conscience par une variation qualitative irréductible. Je n'irai pas jusque-là, dit-on parfois. N'est-ce pas que la croyance n'a pas de force pour aller plus loin et meurt en quelque sorte d'elle-même? Nous citions plus haut l'exemple du droit à la propriété de son image. L'auteur des *Menus-Propos* reconnaissait ce droit dans une certaine mesure, « car enfin, disait-il, le passant peut me regarder, il ne peut *me fixer* sans être impoli ». Cela ne tient-il pas simplement à ceci que *trop* est *trop* ?

Il ne semble pas cependant que l'on puisse admettre cette sorte de mort spontanée des croyances. En fait, presque toujours on reconnaîtra que la croyance ancienne cède à une croyance nouvelle ou actuelle encore inaperçue. Je ne puis pousser l'inégalité jusque-là, parce que je veux aussi des distinctions entre les hommes, et j'accepte ces distinctions dans la mesure où elles n'empêchent pas l'égalité foncière d'être sentie et réalisée. Si je limite le droit que mon semblable a de me regarder, c'est que je lui oppose le droit à la propriété de ma personne dont je ne veux rien laisser distraire à mon insu.

De plus, en droit, c'est un postulat de la pensée — sans lequel elle s'évanouirait aussitôt que formée — qu'il faut persévérer dans une certitude, tant qu'aucune autre ne s'y oppose. C'est par suite un devoir de maintenir ce qu'on pense, si aucune raison ne le contredit. On ne pourrait admettre pour une croyance la possibilité d'une mort autonome qu'à la condition de lui supposer une sorte de spontanéité interne absolue. Mais nous ne pouvons admettre la liberté qu'en nous-mêmes, en vertu d'une croyance intérieure, ou dans les êtres dont les actes semblent manifester la même croyance.

Il semble, à vrai dire, qu'il y ait lieu d'admettre du *divers* dans la nature. Or admettre une diversité irréductible n'est-ce pas admettre quelque chose d'analogue à la liberté ? Sans doute, mais dans le cas où nous concluons de la diversité à la contingence nous avons dans cette diversité comme un signe positif de liberté. Dans le cas, au contraire, où il semble qu'il y ait mort spontanée des croyances, ce signe visible nous manque. Et dès lors nous n'avons pas de raison de renoncer au principe qu'une vérité tend à être, si aucune ne s'y oppose.

Mais il y a toujours une cause à l'affaiblissement d'une croyance, on ne peut savoir qu'à l'épreuve le moment et le degré de cet affaiblissement. En ce sens, le seul critère définitif de la croyance, c'est le sentiment intime que l'on a de croire ou de ne pas croire (1).

Les généralisations morales légitimes peuvent être retardées par les hommes ou par les circonstances qui ne s'y prêtent pas. Nous ne pouvons cependant y renoncer, si, sincèrement, après nous être placés dans le milieu qui convient, les épreuves nécessaires accomplies, nous déclarons invincible en nous la tendance à étendre notre foi. Mais faut-il alors consentir à mutiler notre idéal pour en réaliser quelque chose ou au contraire le maintenir dans

____

(1) Il s'agit bien entendu d'un sentiment *informé*.

son intégrité ? Dans quelle mesure faut-il être évolutionniste ou révolutionnaire ? Si grande que soit en des questions de cet ordre la part à faire au tempérament ou à la vocation de chacun, il y a cependant, même sur ces questions, des réflexions critiques qui s'imposent à tous. Nous les développerons plus loin (1). Mais il importe d'abord d'éliminer les prétendus raisonnements par lesquels on prétend justifier tel ou tel mode d'action et de mettre ainsi chacun face à face avec sa seule conscience. Modérés ou intransigeants doivent cesser de se fonder désormais les uns sur la nécessité universelle de l'évolution, les autres sur le *devoir d'être logique*. Il peut être beau de pousser jusqu'au bout ses idées ; mais si l'on est révolutionnaire, qu'on le soit parce qu'en conscience on croit devoir l'être, pour être sincère, non pour être logique. Il y a des moments où c'est un devoir d'affirmer un principe dans sa pureté, de s'y attacher quand même en désespéré. Il en est où il convient de l'adapter aux circonstances, d'en faire passer tout ce qui se peut dans la réalité présente. La logique n'a rien à voir ici.

***

Il suit de tout ce qui précède que notre conscience n'a pas à tenir compte dans le choix d'un devoir,

(1) Chap. VIII.

de l'extension d'un principe, de ce fait qu'il s'applique en un ou plusieurs ou en tous les cas, dans un plus ou moins grand nombre de domaines de la vie. Mais si, en droit, tous les degrés et toutes les formes d'extension d'une croyance sont également légitimes, en fait, l'homme qui pense constate qu'il se fixe généralement à tel étage de la pensée plutôt qu'à tel autre. Or on peut dire que dans les temps modernes la morale a suivi l'évolution de la science, et qu'en morale comme en science, les principes fondamentaux sont les *principes moyens.* Entre les jugements moraux particuliers ou singuliers, — ces derniers concernant des *espèces,* des *cas* — et les jugements moraux universels, correspondant aux grandes catégories morales, aux devoirs humains, obligation du désintéressement, de la sincérité, de la bonté, etc., il y a des devoirs qui nous lient à un pays, aux hommes d'un temps. La morale vivante se meut dans l'*entre-deux.* Il ne faut pas s'attarder aux   κοινά ἀξιώματα   . Ce n'est pas qu'il n'y ait des devoirs humains ; mais ils sont impliqués dans les devoirs spéciaux qui les particularisent. En étant Français, comme je dois l'être, je rencontrerai les devoirs humains — sous la forme qui convient à un Français.

Cette règle, comme on voit, est très vague et doit l'être. Entre ces deux limites extrêmes des devoirs

singuliers et des devoirs humains, seule une expérience méthodique, variant selon le moment et le
lieu, déterminera les divers degrés, les divers modes
d'extension des devoirs. Le *caritas generis humani*
ne m'impose pas de préférer en cas de danger le
salut d'un de mes semblables pris au hasard à celui
de mon enfant. La constitution d'un fédéralisme
européen pourrait étendre le sentiment patriotique
à un degré que nous ne pouvons encore imaginer.
Il est possible qu'au moyen âge, malgré les guerres
incessantes et les distances, il y eût autant et plus
qu'aujourd'hui, tout au moins parmi les prêtres, les
nobles et dans le monde des écoles, de sentiments
cosmopolites.

* *

Nous avons supposé dans ce qui précède que
l'extension logique d'un principe était réellement
voulue par la conscience. L'assimilation de la charité à la justice correspond à un besoin moderne
réel. L'idée du droit, l'idée que la vie tout entière
peut par certains de ses côtés devenir juridique,
domine de plus en plus nos relations sociales. Mais
l'extension logique d'une croyance peut aussi être
artificielle. Une croyance peut être rattachée à une
autre par un caractère commun sans doute, mais
tout à fait superficiel, non réellement éprouvé par
la conscience, quand ce n'est pas par de simples

analogies verbales. La conscience coupable use de
ce moyen pour se tromper elle-même : c'est le
procédé des mauvais casuistes. Mais l'objet de ces
artifices peut être plus élevé. Pour ne pas troubler
la conscience commune, qui a peur des nouveautés,
pour maintenir les apparences de la continuité, on
dissimule les idées nouvelles sous des vêtements
anciens. Les apologétiques de tout genre qui ont
voulu mettre d'accord une foi morte avec une foi
nouvelle ont toujours procédé ainsi. La Bible a
prévu l'*évolution* parce qu'elle a admis une succession dans les actes de la création : l'élément commun insignifiant de succession rapproche ici des
idées d'inspiration totalement différente, sans
aucune relation réelle. C'est ainsi que les socialistes
chrétiens se réclament de l'Evangile. C'est ainsi
qu'on a pu parler du sans-culotte Jésus. Or il n'y a
de commun entre les aspirations évangéliques et
communistes qu'une certaine préoccupation de son
semblable. Ceux qui aux Etats-Unis voulurent étendre à la politique l'action de la célèbre société
d'abord philanthropique de Tammany justifièrent
cette extension en disant que c'était là un moyen
de faire du bien à son pays. Les juristes surtout
utilisent ce procédé. Il s'agit, par une interprétation, sinon contraire à l'esprit du législateur, au
moins certainement ignorée de lui de montrer que

12.

la législation moderne était implicitement contenue dans le Code. La recherche de la paternité est interdite. On condamne le séducteur à une indemnité pour dommage causé. L'article 64 du Code pénal dit qu'il n'y a « ni crime, ni délit, lorsque le prévenu... a été contraint par une force à laquelle il n'a pu résister ». On considère l'imminence de la mort par inanition comme une de ces forces irrésistibles (1).

On n'ose s'élever trop sévèrement contre cette sophistique juridique qui permet d'introduire d ans la pratique tant d'idées bienfaisantes avant que la législation ne les ait formulées. Au reste le juge obligé de se prononcer, même quand la loi est muette ou obscure, est obligé à ces interprétations, sous peine de tomber sous l'article 4 du Code civil et de commettre un déni de justice. Mais il ne faut pas être dupe de ces conciliations verbales. Le savant sans doute imagine une langue, un système de chiffres qu'il confronte ensuite avec la nature, et l'on pourrait prétendre que les fictions légales correspondent à l'algèbre, aux constructions mathématiques, hypothétiques, qui expriment les lois physiques. Mais le cas est différent. Nous ne savons pas ce que pense la nature, nous ne pouvons que

(1) Voir le discours prononcé par M. Ballot-Beaupré à la rentrée de la Cour de cassation, dans *Le Temps* du 17 octobre 1900.

le conjecturer et dès lors nos hypothèses sont libres:
Nous pouvons savoir ce que pense l'homme. Nous
nous adressons ici non à une pensée énigmatique
qui ne dit pas son secret, mais à une conscience.
Or à substituer aux contradictions, aux synthèses
profondes, vivantes de la croyance, des synthèses
artificielles, on risque de fausser les consciences, de
mettre le pharisaïsme, le verbalisme à la place de
la vie. Nous avons eu nous-même peut-être à un
certain moment le respect excessif des sophismes
par lesquels les âmes pieuses se dissimulent à elles-
mêmes leur propre renouvellement, leur rupture
avec le passé (1). Nous nous demandons aujourd'hui
si le souci de la paix des âmes, l'inquiétude de les
faire souffrir ne nous cachait pas alors le danger
qu'il y a toujours à ne pas voir clair en soi, à se
mentir à soi-même. On peut hésiter à abandonner
un édifice juridique, moral ou religieux, avant que
ne soit construit ou du moins capable d'abriter les
consciences l'édifice nouveau. La croyance morte
est alors interprétée symboliquement de façon à
exprimer les croyances nouvelles. Telle nécessité
sociale contingente peut justifier ce symbolisme,
mais que du moins il ne trompe personne. Que
ceux qui veulent le maintenir pour ne pas troubler

(1) Voir *Revue de méta. et de morale*, 1896, p. 228 et 707, nos
articles sur les conditions actuelles de la paix morale et les répon-
ses de MM. Belot et Brunschvicg.

trop brusquement les habitudes ou les sentiments se l'avouent et l'avouent. En tous cas il faut distinguer profondément l'identification voulue par conscience d'actions morales tenues primitivement pour distinctes, l'envahissement de la conscience par une idée, de ces conciliations artificielles où peut entraîner la nécessité de faire bien, sans avoir l'air de faire nouveau.

*
* *

Correspondants aux différents degrés, aux différents modes de la certitude on peut distinguer différents types moraux aussi bien que différents types scientifiques. Il y a des logiciens formalistes incapables de saisir les différences des circonstances, de s'adapter au réel qui poussent à l'extrême l'application rigoureuse d'un principe : tels les pharisiens. Il y a des logiciens qui découvrent entre les choses des rapports profonds qui permettent d'assimiler des cas jusque-là distincts. Ainsi les socialistes identifient comme d'égales violations du droit humain l'oppression politique et l'oppression économique. D'autres ont apporté au monde des principes nouveaux : la charité, l'idée du droit. D'autres enfin ont le sens du concret, du cas, toutes ces qualités difficiles à distinguer qu'on désigne du nom de tact, d'esprit de finesse : tels les moralistes littéra-

teurs, un Prévost Paradol, par exemple. Il y a de
même des savants qui ont étendu une formule connue à des cas nouveaux : tel Hertz rapprochant les
ondes électriques des ondes lumineuses. Il en est qui
apportent des formules à peu près nouvelles : tel
Pasteur. Il en est enfin qui sont moins des penseurs
que des praticiens de la science : tel Regnault.

Ces différents types sont aussi bien individuels
que sociaux.

Les Anglais s'accommodent d'institutions compliquées, disparates. Les Français veulent une vie
sociale, uniforme, logique, ils ont été non les seuls
inventeurs — l'origine en est pour une bonne part
anglo-saxonne, puritaine — mais les propagateurs
des grandes généralisations humanitaires. La solution du problème varie selon les pays, les moments.
Si j'étais citoyen d'une colonie australienne, peut-
être, quoique démocrate d'aspiration ou, comme
on dit, de principe, remettrais-je à un avenir lointain la pleine réalisation d'espérances plus générales, content pour le moment d'une organisation
économique relativement équitable. En Angleterre,
dans un milieu où les associations libres ont des
racines historiques lointaines, où une fraction importante d'une bourgeoisie entreprenante, une aristocratie intelligente et habile ont su souvent céder
à temps à la démocratie, en particulier à la démo-

cratie ouvrière, où un grand nombre d'hommes de
tous les partis préfèrent des solutions sociales positives et limitées, de courte portée, à des solutions
plus générales, je serais peut-être partisan d'un
régime constitutionnel du travail librement déli-
béré entre les parties (1). En France, dans un pays
où une bourgeoisie en général peu entreprenante,
méfiante de l'initiative et du progrès, jalouse de ses
prérogatives patronales, comprend peu l'évolution
industrielle moderne, on peut douter qu'aucune
réforme démocratique, même l'éducation de la
liberté puisse se faire sans l'aide et l'initiative de
l'Etat. Un peuple peut, au reste, changer d'habitudes, de caractère même en un sens. Les libertés
politiques anglaises sont en somme récentes (2), et
on a pu se demander ce que l'impérialisme envahis-
sant en laisserait debout. Dans l'ordre économique,
les ouvriers anglais semblent disposés à faire appel
plus qu'ils ne l'ont fait dans cette dernière partie
du siècle au pouvoir politique (3) ; les premières
lois protectrices des travailleurs ont été promul-

(1). Cela n'est pas sûr. Comme plusieurs fois, au courant de ce
siècle, il y a en ce moment même en Angleterre un mouvement
de réaction bourgeoise et aristocratique contre les associations ouvrières. Voir entre autres sur ce point : *L'Evolution du Trade-
Unionisme en Angleterre*, par Beatrice et Sidney Webb; trad. franc.
Mouvement socialiste, 1er mars 1903, p. 423 et sqq.

(2). Voir Seignobos, *Histoire politique de l'Europe contemporaine*, p. 13.

(3). Voir *L'Européen*, 13 septembre 1902. p. 13. Cf. *ibidem*, 15
mars 1902, p. 9.

guées en Angleterre avant de l'être en France (1).
D'autre part, on ne peut nier qu'en France le mouvement mutualiste, coopératif, l'esprit d'association
n'aient fait depuis quelques années de réels progrès.

Ainsi se trouvent éliminés comme témoins tous
les logiciens abstracteurs, les chercheurs d'absolu,
d'éternité quand même. On ne sait que par l'expérience jusqu'où il faut pousser les abstractions, les
généralisations morales. Il est de fait, mais de fait
seulement que les principes les plus ordinairement
utilisés par la conscience moderne sont les axiomes
moyens. Encore ce terme a-t-il besoin d'être défini
par l'expérience elle-même.

Il est certain, selon nous, qu'une conscience contemporaine capable de faire une *expérience morale*
se ralliera à une foi abstraite et générale. Il est certain encore que cet idéal tend, après avoir été pour
la plupart des consciences un idéal simplement
politique, à devenir social. Mais il importe que
cette foi, que cet élan de la foi démocratique cessent
de se justifier par une philosophie vieillie, de telle
sorte que le privilège de la *positivité* paraisse réservé
aux croyances concrètes, instinctives, élémentaires.

(1). Ces lois ne concernaient, il est vrai, que les femmes et les
enfants; mais, en fait, dans les ateliers qui emploient à la fois des
femmes et des hommes la durée du travail est limitée par le maximum légal et les hommes en profitent (Seignobos, *Histoire pol. de
l'Europe contemporaine*, p. 56).

Il faut défendre ce qu'on peut appeler l'idéologie révolutionnaire contre des amis maladroits. Les théories qui déduisent les principes moraux de tels principes de la connaisance, le principe de la démocratie, par exemple, de ce que la raison est l'essence de l'homme sont évidemment sophistiques. Car, de ce que tout homme est capable de penser, de ce qu'il doit penser dans la mesure où il le peut, s'ensuit-il que la raison soit égale chez tous les hommes ou qu'il faille essayer d'égaliser toutes les raisons ? Celui qui aurait été converti à la démocratie par une argumentation aussi puérile ne mériterait pas qu'on le discutât. Heureusement, ces grandes abstractions révolutionnaires sont fondées sur des preuves plus précises et plus solides, quoique plus modestes. Elles ont été vécues, elles sont encore vivantes. Si la démocratie est légitime, c'est qu'on en constate le besoin chez les hommes les plus impartiaux, les plus compétents, les plus instruits dans cet ordre de questions, chez ceux qui ont le plus intensément vécu la vie moderne, que l'idée démocratique est favorisée par toutes sortes de circonstances économiques et sociales, que d'autre part on peut saisir chez ses adversaires des signes non équivoques de préjugés théologiques ou de caste, d'incompétence et d'ignorance. La Raison n'a rien à gagner à ces justifications métaphysiques qui, d'après certains seraient seules capables de remplacer les fois mortes. C'est une étrange façon de nous sauver du préjugé que le sophisme.

CHAPITRE VII

LA FORMULE DE VIE

*Les généralités morales, la perception morale commune et la for-
mule de vie. — Les formes philosophiques et la formule de vie.
— La formule moyenne. — La formule et les actes.*

C'était l'idée fondamentale des métaphysiciens
classiques que la vérité consiste non dans une
notion générale, mais dans une notion éternelle,
actuelle, et en quelque façon particulière, *essentia
particularis affirmativa* — ou même singulière,
comme il apparaît dans la Ve partie de l'*Ethique* (1).
L'essence se différencie de la notion générale en ce
que celle-ci est formée par des additions successives,
indéfinies ; l'essence est tout au contraire saisie tout
entière en une fois, par un acte indivisible de l'esprit, *uno intuitu.* Elle n'a pas besoin d'être com-
plétée, achevée par autre chose. Elle est simple. La
certitude parfaite est celle qui n'a pas besoin de

---

(1). On se sert quelquefois, pour désigner les essences, du terme
universel par opposition au terme *général.* Mais *universel* ne marque pas assez le caractère propre de la certitude qui est essentiellement *intensive* et même particulière. Le terme le plus appro-
prié serait celui de *nécessaire* (Voir Hamelin, Sur l'induction, *Année philosophique*, 1899). Mais il s'agit de préciser la nature de
cette nécessité.

sortir de soi pour être achevée. On pourrait dire que la faculté malfaisante par excellence est, pour Spinoza, la comparaison parce qu'elle nous fait connaître les choses non en elles-mêmes, mais dans leur relation avec d'autres.

Or cette doctrine, si on la transpose en langage psychologique et positif, demeure vraie. La véritable pensée n'est pas telle que les scolastiques la représentaient, faite de généralisations et d'abstractions, opérations indéfinies, jamais achevées. Elle n'est pas davantage une collection d'états de conscience, d'atomes psychiques, comme pensent les empiriques. Elle est une action de penser intensive, qui concentrée en elle-même saisit, en une fois, dans un acte unique, toute la suite, toute la loi de ses développements. En ce sens l'attitude de l'esprit, quand il cherche et saisit la vérité, est bien celle qu'ont décrite les métaphysiciens du xviie siècle. Telle est bien la *pensée expérimentale* des savants modernes. Car — toute pensée aboutissant au fait, au monde sensible, — la pensée ainsi définie s'exprime, se manifeste par des *expériences*. Le fait artificiellement isolé de l'univers, délimité de telle sorte que l'expérimentateur soit en présence du fait en question et de ce fait seul, tel est l'aboutissant de l'acte indivisible de la réflexion. La pensée expérimentale des savants modernes est beau coup plus proche de la pensée métaphysique d'un Descartes que de celle des empiriques, d'un Bacon. La méthode de Descartes, si on en supprime les prolongements scolastiques et ontologiques, c'est la méthode expérimentale elle-même, définie par Newton, celle qui lit la loi dans l'expérience, le fait type. Le « je pense » est une expérience où se manifeste pour Descartes la *nature intellectuelle* en général.

Les penseurs modernes diffèrent des métaphysiciens classiques en ceci seulement, que, selon les premiers, la science humaine ne saurait atteindre des points absolument fixes, sinon peut-être quelques formes très générales dont l'on pourrait constater la présence dans toutes les manifestations de la pensée humaine, formes trop indéterminées pour qu'on en puisse tirer des connaissances précises. Cet ordre d'essences que nous pouvons atteindre existe-t-il *en soi*, dans la nature, tout en étant inaccessible à la pensée humaine ? Nous n'en pouvons rien savoir. Il n'y a d'ordre pour nous dans la nature que dans la mesure où nous reconnaissons qu'il en existe un, et nous ne pouvons rien dire au delà.

Mais si la pensée est en elle-même intensive, elle s'exprime en extension. Une essence se réalise, se répète dans les choses ; une loi de la nature découverte à l'aide d'une expérience type s'applique à

tous les faits de même nature. Sans doute les relations des choses entre elles sont indépendantes de
toute considération d'extension. On déduit du particulier au particulier. Plus précisément, il s'agit
de savoir si *ceci* dépend de *cela*. Les relations des
choses sont de dépendance respective et non d'in-
clusion réciproque, comme le supposaient les scolastiques. Mais cependant le signe de cette dépendance est bien que la juridiction de la notion dominante s'étend en quelque sorte plus loin que celle
de la notion subordonnée. Une loi dont dépendent
d'autres lois est par là même plus souvent véri-
fiable, plus générale (1).

La pensée ne s'exprime pas, seulement, elle se
complète, se confirme par ses propres répétitions,
par les vérifications indéfinies des hommes. Ainsi
chaque jour une ligne de plus s'ajoute à la certitude
primitive. Bien plus, une certitude quelconque présuppose l'emploi de ces procédés qui dénombrent.
résument ou prolongent par une induction empirique, dans le sens même où elles se sont d'abord
présentées, les lignes de la perception immédiate.

Toute certitude expérimentale implique la persis-

(1). Il faut prendre ici le mot *général* dans un sens très large.
Car cette généralité peut consister en la présence d'un même élément ou d'une même forme dans les réalités les plus diverses ou
la subordination d'un grand nombre de pensées secondaires à une
pensée centrale qui en est la fin, et dont elles sont les moyens,
Cf. chap VI, p. 168-170.

tance du monde extérieur, des choses telles qu'elles sont données, et celle-ci ne se connaît que par une induction grossière, *per enumerationem simplicem*: Un physicien qui fait dans un laboratoire la plus minutieuse pesée de façon à *isoler* le plus qu'il peut les° phénomènes, à les observer dans leur pureté, admet qu'il retrouvera demain ses instruments, son crayon à la même place, qu'ils ne lui seront pas enlevés par un *malin génie*, et cela, il le sait parce que cela s'est toujours passé ainsi.

L'esprit humain et la nature — nous ne les séparons pas, puisque l'homme projette hors de lui ce qu'il affirme comme vrai (1) — sont ainsi faits d'un double mouvement de concentration intensive et d'expansion extensive, nécessaires l'un à l'autre, complémentaires l'un de l'autre. Mais c'est le premier qu'il importe surtout de mettre en pleine lumière, car la généralisation nous apprend seulement combien de fois une essence est répétée. Elle ne nous la révèle pas. L'essence en elle-même se connaît seulement par une *intuition*, une *expérience*. Les généralisations empiriques elles-mêmes que présupposent les expériences scientifiques et qui constituent la perception commune du monde extérieur ne sont pas uniquement des dénombrements indéfinis, jamais achevés. Ce sont, elles aussi, des

(1) Voir plus haut, chap. V, p. 112.

hypothèses, des affirmations intégrales, intensives, mais des affirmations au premier degré, concrètes, non encore analysées. Ajoutons que la concentration de l'esprit nécessaire pour atteindre l'essence ainsi définie n'est pas facile, naturelle à l'homme (1) et qu'il faut dès lors avant toute chose l'habituer à se concentrer.

C'est la nature intensive de la pensée en même temps que son caractère évolutif que M. Le Roy a voulu signifier quand il a comparé la certitude à une vie (2). Car la vie, elle aussi, est caractérisée par une idée directrice, une formule de développement. On peut dire encore que la certitude ainsi entendue peut être assimilée à l'invention, ainsi que M. Le Roy l'a encore indiqué, sans en faire voir assez complètement la raison. La pensée de l'inventeur est directe. Il voit les choses *face à face*, dans leur particularité, dans leur pureté. Sa pensée n'est pas seulement directe, particulière. Elle est *intense*, grosse de développements successivement déployés. La psychologie de la connaissance est en ce sens tout entière une psychologie de l'invention. Comprendre, c'est repenser la pensée d'autrui ou plutôt la découvrir soi-même sous la suggestion

(1) Voir chap. I, p. 17 et sqq.
(2). Voir les articles de M. Le Roy, dans la *Revue de métaphysique*, juillet-septembre-novembre 1899, janvier 1900. Cf. *Bulletin de la Société de philosophie*, mai 1901; H. Bergson, Introduction à la Métaphysique, *Revue de Mét.*, janvier 1903.

d'autrui. La seule différence qui sépare l'inventeur proprement dit de l'homme intelligent, c'est que le premier pense la nature directement et que l'autre a besoin d'un intermédiaire, d'un *intercesseur*. L'enseignement, c'est l'éveil, la révélation d'une pensée à elle-même. C'est pourquoi il faut solliciter tout homme à se mettre dans l'attitude de l'inventeur. L'homme de routine, de tradition imite autre chose ou s'imite lui-même : « l'habitude est une imitation », selon la remarque profonde de Baldwin.

Le scolastique, lui aussi, celui qui ne dépasse pas les concepts, est un imitateur. Il ne saisit pas la pensée dans son centre, mais seulement au moment où elle s'exprime en extension. Il ne connaît que la quantité des êtres auxquels elle s'applique (extension proprement dite) ou la quantité des qualités qu'elle enferme (compréhension). Il la saisit quand elle se répète, se redouble ou se diffuse. Il ne connaît pas les relations réelles des choses, leurs dépendances, leur génération, mais la façon dont elles se contiennent, s'enveloppent réciproquement. Puis cette pensée extensive une fois posée, le scolastique cherche les différentes façons de l'exprimer sans la changer. La syllogistique est liée naturellement à la méthode d'autorité toutes deux laissent échapper l'âme des choses, toutes deux formulent des pro-

cédés d'imitation. L'empirique, tout en réagissant
contre le scolastique en ceci qu'il pose le particulier avant l'universel, ressemble au scolastique en
ce qu'il ne peut dépasser le fait que par les *généralités*. Mill, dans sa logique, a bien mis en lumière
le rôle de l'*expérimentation*. Mais il n'a pas vu le
caractère profond de la pensée expérimentale qui
consiste en ceci qu'elle est en elle-même intensive,
qu'elle est une *action de penser*.

*
* *

Les conditions de la certitude morale sont celles
de toute certitude. Une expérience morale ne se suffit pas. Elle se confirme par la vérification continue
de la vie, par le témoignage multiplié des hommes.
Elle présuppose des généralités empiriques, les perceptions morales communes, mais celles-ci sont la
matière, non le but de la morale. L'honnête
homme extrait de ses aspirations, de celles de son
temps la formule collective ou individuelle qui
s'exprime en une *action type*. Il cherche non le
général, mais le définitif, non la croyance immédiate, mais celle qu'à la réflexion, dans une concentration solitaire de sa conscience, il éprouve toujours ou dans un moment donné invincible; une
croyance, par suite, déterminée, définie, actuelle. Il
n'observe pas seulement, il expérimente. Il ne se

13.

borne pas à connaître les grands courants moraux de son temps. Il ne lui suffit pas de dire qu'il faut aider le malheureux ni même qu'il veut plus de bonté, plus de solidarité, plus de justice dans le monde. Ce serait résoudre les problèmes moraux à la façon de ceux qui veulent la liberté dans l'ordre et l'ordre dans la liberté; maxime qu'il peut être bon de rappeler, mais qui ne fournit un programme d'action qu'à la condition de définir cet ordre et cette liberté. L'honnête homme dira si l'inégalité économique, la misère des hommes lui paraissent fatales, susceptibles d'être corrigées seulement par la charité libre du riche envers le pauvre, ou si, au contraire, il croit possible pour une société d'organiser rationnellement et légalement la répartition des biens, et l'inégalité elle-même. Il dira s'il est partisan d'une démocratie économique comme il l'est ordinairement d'une démocratie politique et en quel sens, par quelles étapes il prétend s'y acheminer. Il ne dira pas seulement qu'il faut développer la raison le plus qu'il se peut en tous les hommes, mais s'il est partisan d'une éducation laïque pour l'enfant, s'il croit à la nécessité d'une religion pour le peuple, etc. Toujours il parlera un langage net, ferme, *direct*.

Sans doute la perception morale commune forme le lien de tous les partis, de tous les hommes. Pour

la saisir il suffit d'ouvrir sa conscience. C'est la
croyance d'un temps qui est dans l'air, qui se respire. Et il ne faut pas méconnaître l'importance des
devoirs de probité, de loyauté, des œuvres d'assis-
tance, de solidarité, de philanthropie, des liens d'estime, d'affection ou de respect qui peuvent unir les
hommes en tant qu'hommes. Il est même essentiel
de rappeler à ceux qui adhèrent avec raison à une
formule que, quelle que soit cette formule, elle se
détache d'un fond moral commun, traditionnel,
qu'un regard en eux-mêmes, autour d'eux ou vers
le passé suffirait à retrouver, et que dans l'ardeur de
la lutte ils risquent trop souvent d'oublier. « Il y a,
selon moi, certains moyens employés pour servir
l'Eglise, aussi répréhensibles et plus dangereux que
les moyens employés par ses ennemis pour l'atta-
quer. Tels sont la diffamation envers les vaincus et
les faibles, l'adulation envers les forts et l'outrage
quotidien par voie de dénonciation ouverte ou d'in-
sinuation perfide contre les honnêtes gens..., la
proscription systématique de la raison, de la nature
et de la liberté (1)... »

Mais Montalembert semble aller jusqu'à dire que
les fins particulières poursuivies par les hommes
étant obscures, il ne faut les juger que sur le respect

____

(1) Lettres de Montalembert à l'abbé Delor, *Revue de Paris*,
1902, p. 774.

  L'EXPÉRIENCE MORALE

qu'ils témoignent pour les conditions générales et en quelque sorte formelles de la moralité. Cela est excessif (1). Le degré de la certitude où nous pouvons atteindre importe peu. Il faut aller jusqu'au fond de sa croyance quelle qu'elle puisse être, et ceux qui ne l'osent ou ne le peuvent — si honnêtes qu'ils puissent être au sens courant du mot — ne sont pas des âmes vivantes. Les pacifiques à outrance se complaisent dans les accords superficiels; des âmes banales et d'ailleurs bienveillantes adoptent les formules traditionnelles de bonté, d'idéal, la croyance sincère est un approfondissement, un centre un, indivisible, particulier. La perception morale commune n'est que le possible, la matière que la conscience vivante actualise.

Ne comptent donc pas comme autorités morales les purs empiriques capables seulement de vertus de détail, pas plus que les pensées hésitantes, tâtonnantes, qui n'aboutissent pas. On ne saurait regarder davantage comme des maîtres de la vie ceux qui se bornent à des généralités, qui ne connaissent de la vie que ses contours, ses propriétés superficielles

---

(1) Peut-être toute la sagesse en matière pratique se résume-t-elle dans la parole célèbre : « Je suis homme... » (Boutroux, *Questions de morale et d'éducation*, p. XIV; 1895). Ce n'est là que le commencement de la sagesse, ou plutôt encore de l'enseignement moral qui débute nécessairement par des généralités, et — surtout s'il est public — ne peut aller jusqu'aux précisions réellement scientifiques.

ou qui s'en fient comme critère à l'expérience morale et vulgaire. Nous savons maintenant la raison profonde pour laquelle une certitude peut se passer en définitive de l'accord avec les hommes. La certitude est en elle-même intensive et en quelque façon autonome, quelle que soit son extension et de quelque façon qu'on entende cette extension, qu'il s'agisse de la *quantité* des êtres qui l'acceptent, de la *quantité* des êtres auxquels elle s'applique, ou de la *quantité* des pensées ou notions secondaires qu'elle enveloppe.

De là l'absurdité de la méthode morale éclectique telle que Spencer en définit la pratique dans les *Premier Principes*. La croyance vraie serait alors une *olla podrida* de toutes les croyances, un traité de morale serait un manuel de médiocrité. Jamais, en aucun ordre, œuvre humaine sérieuse ne fut une *image composite*. La croyance morale n'est pas davantage une croyance moyenne, un équilibre (1). Il y a des cas où il faut rompre l'équilibre. L'honnête homme, comme le savant, l'artiste, va au vif des choses. La règle morale essentielle, c'est de chercher sa *formule* de vie.

La croyance morale qui est en quelque sorte l'usage quotidien n'habite pas davantage les som-

---

(1) Voir Durkheim, *Des règles de la méthode sociologique*, p. 72, 73 ; Paris, F. Alcan.

mets ou les profondeurs métaphysiques. C'est une illusion de croire et de laisser croire que les solutions des problèmes précis que pose la vie morale journalière seront données à ceux seulement qui s'élèvent à ces sommets ou s'enfoncent dans ces profondeurs. Telle est l'illusion des religions, des métaphysiques mortes. On n'apprend pas son devoir à réfléchir sur le devoir. La vérité morale n'est en général ni si bas que le croit le sens commun, ni si haut que le croient les métaphysiciens. Elle est un système, mais un système d'habitudes, d'actions déterminées, contemporaines. Je ne vis pas dans l'éternité. Je suis un homme parmi des hommes. Elle est intermédiaire entre la réflexion métaphysique et la réflexion empirique. Les principes moraux sont des *axiomata media* (1).

La science moderne se meut de même entre la pensée vulgaire, généralisation immédiate du donné, et la pensée métaphysique qui cherche entre les choses des analogies profondes, mais indéter-

(1) Cette conclusion n'est pas tout à fait la même que celle à laquelle nous aboutissions dans le chapitre précédent sur les généralisations moyennes. La réflexion appliquée à la perception morale commune découvre ordinairement des principes d'extension moyenne, mais elle peut aussi découvrir des principes singuliers ou de très grande extension comme les principes généraux d'humanité. Le mot moyen ici désigne en quelque sorte la région où se meut la pensée. Il est intéressant d'ailleurs de constater l'analogie des conclusions que l'on obtient, que l'on se place au point de vue de l'extension des croyances ou de la nature de la réflexion qu'elles exigent.

minées, qui rapproche le temps et l'espace, l'un et le divers, etc. M. Wilbois montre excellemment comment les principes scientifiques, spéciaux quoique systématiques, tels que celui de l'énergie, se différencient de cette notion spencérienne de la Force qui se confond avec la conscience de l'inconnaissable (1). Pour conquérir la nature il ne faut ni simplement observer les données immédiates ni s'élever au-dessus d'elles au point de ne plus apercevoir que les sommets du réel. A cette condition seule de rester dans l'entre-deux, l'homme a pu conquérir la nature, à cette condition seule il peut conquérir la vie.

Il est sans doute tentant de chercher la paix sur les hauteurs. Les hommes s'entendent aisément sur les vérités éternelles, la dignité de l'esprit, les destinées sublimes de l'humanité, depuis que les religions, les philosophies tendent à rentrer ce qu'il y a de trop aigu dans leurs angles, à dissimuler ce que leurs dogmes ont de trop particulier. Il faut l'avouer : c'est une joie exquise pour les âmes pures et sereines de fraterniser dans ces pensées, de communier avec un adversaire dans l'humanité profonde qui nous lie tous, d'exercer à son égard le pardon métaphysique. Mais il s'agit de savoir si

(1) Wilbois, *Revue de métaphysoque et de morale*, mars 1901 : « L'Esprit positif », p. 167.

l'on est pour ou contre la démocratie et jusqu'à quel point, pour ou contre la morale de la résignation ou de la lutte pour le droit, et en quel sens. Enveloppés de vague et de silence dans les larges plis des formules philosophiques, ces problèmes précis disparaissent et sur ces problèmes l'accord est plus difficile que sur les principes rationnels. Je suis convaincu, il est vrai, que si chaucn se plaçait courageusement en face de sa croyance, les divergences entre les hommes s'atténueraient. Il ne subsisterait entre eux que les irréductibles oppositions des tempéraments, des vocations morales. Mais, cependant sur ces principes moyens de la vie l'entente est moins facile aujourd'hui que sur le principe d'identité ou sur cette autre vérité qu'il faut être raisonnable, sincère. Il est évident pour tous que les corps tombent dans le vide. La loi de l'atraction est moins aisément accessible. Elle est plus contestable. La formule posée par Newton a besoin de correction quand elle s'applique aux petites distances. La certitude est d'autant plus complexe, mouvante, qu'elle pénètre plus profondément le réel. Aussi cette région moyenne est-elle le champ de bataille des idées. Mais l'humanité ne peut se dégager absolument de l'état de guerre, qui est son état normal. Elle peut seulement l'organiser, en adoucir les formes. substituer la contrainte de la loi à celle de la force physique, l'arbitrage à la lutte armée. Or le moyen nécessaire ·pour spiritualiser la guerre, c'est que chacun prenant sincèrement conscience de sa foi, se batte au nom d'un idéal. Il y a chance qu'ainsi impersonnalisées les luttes prennent un caractère ·moins violent, moins âpre (1). Rien n'unit, ne rapproche les hommes comme une égale sincérité dans des fois opposées. On se serre la main parce qu'on se sent également des hommes, après la bataille. La véritable paix n'est pas celle qui s'obtient par l'effacement des différences, des oppositions, par un syncrétisme douceâtre. C'est par l'approfondissement de sa propre foi que chacun trouvera inévitablement en soi le fond commun qui l'unit à autrui.

Celui qui cherche sa formule morale doit donc éviter et l'unanimité apparente que l'on obtient à condition de ne pas penser et cette unanimité profonde que l'on n'obtient qu'à condition de manquer la vie. L'empirique, le métaphysicien rôdent également à l'entour du réel; l'un plane dans le ciel, l'autre rase la terre. Et ceux qui planent adoptent bien souvent, sur les problèmes de ce monde, les solutions les plus grossièrement empiriques. Le contraste est fréquent de l'idéalisme spéculatif

(1) Voir Kropotkine *Autour d'une vie* (Mémoires), 3ᵉ édit., 1902, p. 298 ; Paris.

transcendant, et de la modestie des maximes de vie. Reconstruire le monde par la pensée et s'en fier, pour organiser la justice sur terre, aux administrateurs compétents, aux expéditeurs d'affaires courantes, est une attitude commune parmi les penseurs. Les âmes les meilleures, surtout les âmes jeunes, par dégoût des basses pratiques du commun des hommes, risquent de se laisser fasciner par la beauté des formes éternelles et vides. L'honnête homme se méfiera des homélies, des élévations qui planent au-dessus des problèmes comme pour en éviter les aspérités. A trop attirer les regards vers les sommets perdus, on les déshabitue de viser droit et juste. On risque, à ce jeu, d'énerver le courage intellectuel et social qui est de voir les choses directement et face à face. On ne résout pas les questions *actuelles* avec de pieuses généralités. A ceux qui vous enveloppent d'un phraséologie édifiante, demandez : « Que pensez-vous de l'impôt sur le revenu ?»

*
* *

Quelques réserves sont cependant ici nécessaires. Une formule vivante est la résultante, l'intégration des formules morales élémentaires qui se dégagent au fur et à mesure de l'action quotidienne, et tel qui n'accepte pas la formule réalise les formules parti-

culières dont elle est l'expression. On peut encore
apercevoir la formule sans vouloir la réaliser plei-
nement ou sans oser prononcer les mots qui la
définissent (1). Ainsi, tel qui favorise l'extension
des syndicats, des mutualités, des coopératives, qui
ira jusqu'à dire que toute l'évolution moderne tend
à la suppression du salariat, n'osera s'affirmer
partisan d'une république sociale. La tendance
impliquée dans chacune de ces institutions est cependant la tendance vers la suppression du mono-
pole économique, résultat de la division des hommes en propriétaires et en non-propriétaires. Or, la
République sociale consisterait précisément en ceci
qu'aux relations de dépendance économique entre
les hommes seraient substituées des relations démocratiques, fondées sur une entente dans la répartition des biens. Mais il y a des hommes d'action
incapables de cette abstraction. D'autres semblent
reculer devant cet effort indéfini auquel une formule engage. Ils veulent bien s'associer à telle œuvre de détail, mais ils n'osent affronter les luttes
inconnues où les entraînerait une parole prononcée, une déclaration. Ils n'osent prendre parti.
D'autres encore craignent, par une formule globale, d'éveiller dans la foule simple et incapable de
nuances, des espérances trop immédiates, des ap-
pétits dont le déchaînement nuirait à l'idée même.

(1) Cf. chap. VI, p. 156.

D'autres enfin reculent devant la formule par scrupule scientifique.

Qu'est-ce, en effet, qu'une formule, sinon l'expression d'une loi ? Mais quel est le point de départ de la loi ? L'expérience type. Ce qu'on appelle une induction, c'est la loi lue dans une expérience. L'essentiel n'est pas la loi formulée, c'est l'expérience. En elle se révèle le type d'existence, saisi par une action présente, immédiate, indivisible de l'esprit. L'induction, c'est l'extension dans l'espace, dans la durée, de cet acte, de ce type — caractère extrinsèque, comme nous disions plus haut, de ce type, de cet acte. Dès lors, l'essentiel n'est pas la formule, mais les actes d'où on l'extrait. La formule ne vaut que par les efforts infinitésimaux qui la réalisent au jour le jour. Chacun de ces efforts, des sentiments qu'il exprime est lui-même comme une formule particulière, comme la différentielle dont la formule générale est l'intégrale. Un sentiment, un acte, que sont-ils, sinon des principes momentanés comme les corps sont, d'après Leibnitz, des âmes momentanées ? Isolée de ces éléments, la formule générale est vide. Aussi, pas plus que l'homme d'action, l'honnête homme ne se pose-t-il de questions à trop longue échéance. Il ne dit pas solennellement : « Je veux une société faite ainsi. » Il la fait, et son idéal se dégage pour lui-même comme pour les autres,

progressivement, de ce qu'il fait. « Le gouvernement révolutionnaire, comme le gouvernement
thermidorien qui le remplaça, furent des constructions provisoires nées de circonstances provisoires
(victoires et défaites militaires). Mais les ouvriers qui
les édifièrent n'en mêlèrent pas moins, consciemment ou inconsciemment, à leurs visées immédiates,
des pensées d'avenir » (1). Ainsi naît l'idéal vivant
comme une direction qui peu à peu se dessine. Les
hommes d'action craignent qu'on ne l'oublie et, à
cause de cela, agissent en évitant de maximer leurs
actes.

Ces scrupules sont respectables. Il faut laisser les
hommes de cette sorte travailler à une œuvre, col-
laborer avec eux sans exiger qu'ils prononcent les
mots qui classent un homme. Mais il faut cependant
comprendre la valeur d'une formule. Elle résume
le passé, elle annonce l'avenir. C'est un gage, c'est
une promesse. Surtout elle exprime la prise de conscience d'une vie par elle-même. Or, s'il y a des
moments où la conscience de soi peut troubler l'action, où, quand la vie se cherche encore, il est dangereux d'en empêcher ou d'en fixer par une réflexion prématurée la complexe évolution, il en est
au contraire où la conscience qu'elle a d'elle-même
intensifie une vie. Elle se saisit alors elle-même dans

____

(1) Aulard, *op. cit.*, p. 521.

ses sources, dans ses profondeurs fécondes. Pour cela, une crise, une μετάνοια est nécessaire. Il faut s'arracher aux tâtonnements et, en une fois, se créer. Une révolution est précisément le moment où une société, une nation voient, ou plutôt créent en une fois tout leur avenir. De là, l'importance des Déclarations, telle que la Déclaration américaine ou la Déclaration des Droits. On ne saurait mieux comparer ces moments où l'humanité, lasse de s'enlizer dans les compromis, les équivoques, affirme clairement sa foi, qu'au moment de l'aveu en amour. Dès ce jour, dès cette minute, une vie nouvelle commence. Il y a des mots iréparables parce qu'ils expriment une renaissance. Aussi peut-il être utile, lors même qu'on n'accepte pas leur doctrine ou leur mode d'action, de se mettre en contact avec ces âmes qui donnant aux problèmes de la vie des solutions violentes et simplistes, en découvrent par là, au-dessus des tempéraments de la vie journalière, toute la tragique simplicité.

Entre la connaissance empirique et la connaissance métaphysique, il y a place pour *l'idée expérimentale*. C'est à cette idée que correspond la formule de vie (1).

____

(1) Cf. chap. X, p. 248 et sqq.

CHAPITRE VIII

SCIENCE ET CONSCIENCE, INTRANSIGEANCE
OU OPPORTUNISME

On admet aujourd'hui sur ces questions une théorie beaucoup trop simple, une théorie d'intellectuels purs, d'hommes de cabinet. On prétend que
la science a complètement changé le mode d'action
sociale, qu'il n'y a plus place pour les révolutionnaires, les révoltés, qui sont des utopistes, que seule
l'action pacifique, continue, a un caractère scientifique. La vérité est que le type du révolutionnaire
a changé ou devrait changer comme celui de l'évolutionniste ou du conservateur, comme aussi leurs
relations respectives.

Voyons successivement les raisons pour lesquelles
on peut défendre le droit à l'existence de ces types
moraux différents.

J'entends ici par révolutionnaire le révolutionnaire dit utopiste qui affirme sa foi par une révolte
ou une protestation inutile. Je ne discute pas la na-

ture des moyens employés. On peut apparaître comme un révolté, quels que soient ces moyens, si par exemple on prétend changer légalement une situation quand l'opinion publique vous est hostile. L'*ordre* — ce que du moins certains partis nomment ainsi — n'a pas toujours été défendu par des moyens *légaux*. Je suppose également que la croyance défendue est en elle-même noble, acceptée comme légitime en soi par les consciences qui comptent, mais regardée aussi comme absolument irréalisable — au moins dans les conditions présentes.

Or, à ces tentatives stériles on peut opposer que les croyances à un monde transcendant ayant disparu, la question du succès d'un idéal se pose nécessairement. On pouvait admirer le sacrifice inutile destiné à plaire à un Dieu ; mais notre morale est devenue terrestre. Quel sens a dès lors un geste vain de protestation ? L'étude des moyens de réalisation ne peut plus se séparer de celle des fins. On enseigne faussement que la morale se différencie des autres sciences pratiques, politiques, économiques, etc., en ce que celles-ci ont pour objet de déterminer les moyens, et celles-là au contraire le but de la vie (1). La morale n'a sans doute pour objet de connaître les moyens d'action que dans leurs relations avec les

(1) Voir Belot, *L'Education morale dans l'Université* (Enseignement secondaire), p. 231 : « *La morale aussi est une science des moyens* » ; Paris, F. Alcan, 1901.

fins idéales de l'homme. Mais pour connaître ces fins il faut qu'elle en connaisse les moyens. Souvent l'étude des moyens d'action nous révèle l'idéal. Il y a des hommes incapables d'isoler, d'abstraire l'idéal de ses conditions de réalisation et qui nient le premier, simplement parce qu'ils ne le voient pas possible (1). Montrez-leur qu'une partie en peut dès à présent passer dans la pratique, qu'il est déjà en germe dans les institutions présentes, et vous ferez qu'ils prendront conscience de ce qu'ils voulaient sans le savoir. Vous prétendez que les hommes peuvent administrer républicainement la propriété ; faites des coopératives de production, municipalisez les tramways. Par ces preuves vivantes plus que par l'enseignement des sciences sociales, plus que la prédication d'un idéal, vous donnerez la foi, l'audace. Notre savoir est en un sens la mesure de notre pouvoir. L'utopiste ne consulte que sa foi. C'est un héritier des mystiques ou des métaphysiciens. Il croit aux idées pures, autonomes.

Pour la même raison il ne faut embrasser un idéal qu'après en avoir prévu les effets, les conséquences lointaines. Avant de nous lancer dans un mouvement, demandons-nous si le triomphe de l'idée pour laquelle nous combattons ne compromettra pas d'autres idées que nous tenons également pour sa-

(1) Voir le chapitre précédent.

14.

crées. Nous voulons la justice économique ? Demandons-nous si la réalisation de cette justice ne fera pas obstacle à la civilisation intellectuelle artistique. Vous refusez le service militaire parce que vous réprouvez la guerre. Est-ce que vous n'affaiblissez pas par là la légalité, garantie d'un régime de discussion libre, et qu'il faut par suite respecter dans sa forme, lors même qu'on veut en transformer le contenu ?

La vision des conséquences lointaines peut changer singulièrement une foi. La théorie de Marx d'après laquelle un système social n'a chance de crouler que quand il a complètement développé les germes de mort qu'il contenait, a un fondement psychologique. La plupart des hommes ne comprennent une institution, ne sentent une injustice que quand elle a produit tous ses effets; si les libéraux prussiens qui luttèrent contre Bismarck avaient su ce qu'il savait sur la situation de l'Europe, si surtout ils avaient pu pressentir comme lui tout ce qu'il y avait dans l'Allemagne de ressources, de forces disponibles, et par là prévoir comme certain le succès, auraient-ils lutté contre lui ? Ils auraient dès ce moment peut-être, comme ils firent plus tard, préféré l'unité à la liberté politique de l'Allemagne (1). Cette puissance de vision explique en

(1) Voir Andler, *op. cit*, entre autres p. 82.

partie et différencie de nous ces génies moraux
localisés dont nous parlions plus haut. Ils voient
tout ce qu'il est possible de voir dans une direction, et c'est pourquoi nous n'osons toujours regretter qu'ils n'aient pas été d'esprit plus *ouvert*.
L'horizon de leur regard est plus étroit que le
nôtre, mais leur regard est plus perçant (1). Bismarck ne confondit pas la force et le droit, encore
qu'il eût du droit une conception autre que celle
des démocrates. Mais il crut toujours naïf de lutter
pour des droits qu'on n'était pas en mesure de
défendre (2). Quand on croyait que des motifs
absolus, transcendants, nous obligeaient à une
action, on pouvait ne pas se préoccuper des conséquences de ses actes. Aujourd'hui la question de
l'idéal se pose en ces termes : « Voulez-vous ceci
assez fortement pour risquer les luttes, les dangers
que cet idéal entraîne avec soi? »

Si une croyance ne peut être isolée de ses effets,
de ses moyens d'action, elle évolue avec eux ; elle
se transforme au fur et à mesure qu'elle agit, par
son action même. Cela est vrai de l'idéal individuel
comme de l'idéal social. Un idéal juridique n'est
pas aujourd'hui figé. On ne peut dire d'avance ce
qui est juridique, ce qui ne l'est pas, déterminer

(1) Cf. chap. v, p. 212.
(2) Voir Andler, *op. cit.*, p. 79.

ce qui par essence est de la conscience, par essence de la loi, pas plus que le moment où une idée veut aboutir, prendre corps dans la législation. On peut dire seulement que la conscience d'un temps ne veut pas que la loi touche à ceci, à cela. A cette certitude en devenir correspond une nouvelle forme de courage, le courage continu, quotidien, *moléculaire* (1). Tout au contraire, le révolutionnaire qui en est demeuré à l'ancien type de certitude, à la certitude statique, donnée en une fois, *globale* (2), ne conçoit l'acte de courage que sous la forme d'une crise. Mais notre temps est celui de l'audace expérimentale, méthodique. Les croyances morales ont dépassé le stade de l'intransigeance, de l'héroïsme utopique.

Les causes de ce changement d'attitude sont multiples. Il en est de particulières qui tiennent à des circonstances historiques spéciales. Il en est de plus générales, plus profondes, de caractère en quelque sorte plus philosophique. La confiance de l'homme en la science, en la valeur de la méthode, de l'esprit scientifique s'accroît chaque jour. Or, les discussions critiques, l'étude patiente des questions ne sont guère compatibles avec les coups de force. De plus, de la science en général et plus particulièrement des sciences biologiques, historiques et so-

(1) Le mot est de M. Péguy.
(2) Formule de M. Wilbois.

ciales s'est dégagée l'idée du devenir, des transformations lentes. Par l'histoire, la sociologie,
l'homme a pris contact avec des civilisations, des
types d'idéal, d'action infiniment divers ; il a compris la relativité des croyances, la lenteur, la continuité des transformations sociales. En même temps,
d'innombrables moyens de communication diffu-
saient et forçaient toutes les pensées d'un temps à
se connaître, et par là, dans une certaine mesure,
à se comprendre. Toutes ces causes enfin contri-
buaient à affaiblir les croyances mystiques dont la
disparition hâtait d'autre part le développement des
premières. C'est penser en mystique que de croire
qu'une vie peut être renouvelée, le bonheur conquis en une fois, par un coup de la grâce. Or, cette
conception se retrouve transposée chez les révolutionnaires, les fidèles des méthodes émeutières qui
se tiennent prêts, l'arme au bras, pour le jour de
la grande crise. C'est une croyance mystique que
le monde n'étant rien, la mort n'est rien ou même
est désirable en soi. C'est un vestige de cette
croyance que la superstition persistante du martyr,
de la souffrance, de la mort pour elle-même, d'où
la honte des méthodes conciliantes et presque du
succès.

Mais à ces causes morales ou intellectuelles, il
faut joindre des causes politiques, sociales, peut-

être plus décisives. La conquête du pouvoir politique par un coup de force est devenu de plus en plus difficile (1). On sait la transformation dans un sens évolutionniste des partis socialistes de France, d'Allemagne, d'Italie. Le parti anarchiste semble entrer dans la même voie (2). La guerre même est devenue savante, le sentiment militaire a perdu de son caractère chevaleresque, de sorte que le culte de l'action brusque et héroïque s'est affaibli dans les milieux mêmes qui semblaient devoir en rester le foyer naturel. Ainsi tend à disparaître la conception violente, émeutière, de la Révolution. D'autre part, l'extension du suffrage, la part de plus en plus grande faite aux masses dans la direction des affaires a rendu l'emploi de la force de moins en moins nécessaire. L'esprit, tout au moins l'opinion, commence à mener le monde.

Répandez les lumières : la foi suivra. La science crée la conscience.

Ces considérations sont vraies. Mais on en tire des conséquences excessives. Il est nécessaire d'éprouver de toutes les façons sa croyance, et l'un de ces moyens, c'est de savoir ce qu'elle peut et où elle va. Mais cette épreuve ne doit pas nécessaire-

(1) Cf. chap. V, p. 212.
(2) Voir l'*Anarchisme*, par Eltzbacher (trad. franç.); Paris.

ment conduire à renoncer aux aspirations héroï-
ques. Nous avons placé très haut la science des
moyens d'action. Il faut cependant se méfier des
hommes dits compétents. Ils ne le sont pas toujours en matière d'idéal ou simplement d'idée. Ils
n'imaginent l'action comme possible que dans les
limites d'une tradition, celle dont ils ont été les
instruments dociles et intelligents. En 1839, la
réforme des postes en Angleterre fut déclarée par le
directeur absolument impraticable, parce que les
courriers ne pourraient plus porter les lettres, et
que l'hôtel s'écroulerait sous le poids (1). La réalité plastique se prête aux croyances, aux volontés
fortes. Une foi nouvelle crée ses organes. Or, l'habitude rend les hommes *compétents* incapables
d'une foi nouvelle. Ils sont comme ces gens qui,
par peur d'être malades, ne mangent pas. S'ils
avaient vraiment faim, ils mangeraient. A certaines
gens pratiques aussi manque l'appétit, l'appétit de
l'idéal. Ils ont la maladie du doute, du scrupule,
c'est-à-dire du désir, de la volonté. Ils limitent
étroitement le champ du possible parce qu'ils n'ont
pas la foi.

D'ailleurs parmi ces moyens qui manquent à
l'idéal un des plus essentiels, c'est l'homme, car
une idée avorte non pas toujours par la faute des

____

(1) Seignobos, op. cit., p. 44.

choses, mais bien des hommes. Alors le révolutionnaire n'est pas un utopiste, mais ses contemporains
sont imbéciles ou lâches. C'est ce que l'on entend
quand on dit qu'une idée n'est pas mûre. Faut-il
attendre alors pour parler et agir ? Mais un rayon
de lumière n'est jamais perdu. Quand même une
idée n'aurait jamais chance de réussir parmi les
hommes, n'est-ce pas un service à rendre à l'univers que de lui montrer, au-dessus des platitudes
et des médiocrités, une idée dans son absolue pureté ? N'est-il pas puéril de regretter que Tolstoï
ne soit pas plus pratique ?

Pas plus que la connaissance des moyens d'action
celle de l'avenir ne peut prétendre à fixer notre foi.
D'abord, connaissons-nous l'avenir? Heureusement
non. Notre ignorance atténue ou supprime bien
des conflits de devoirs. Et quand nous le connaî-
trions ? Tocqueville prévoyait le triomphe de la
démocratie. Il n'était pas cependant démocrate de
cœur. Je puis lutter par devoir contre un courant
que je sais invincible.

Au reste, cet avenir qui doit juger nos croyances,
ce sont nos croyances qui le créent. Les conséquences des actes ne font qu'exprimer une partie
de cette force intérieure qu'une âme, une société
sent en elle. Il y a là un facteur incommensurable
et dont on ne saurait calculer exactement d'avance

l'intensité. Cet élément dynamique, cette virtualité, toute notre psychologie, toute notre morale contemporaine l'admettent comme un postulat. Le principe moderne de la justice n'est pas celui de l'égalité, mais de l'égalisation. On traite les hommes comme capables de *devenir* égaux. Les droits établis par la législation moderne ne sont pas proportionnels à la capacité réelle, mais possible des hommes. Et sans doute il a fallu pour que l'on reconnût aux hommes un certain droit à l'égalité qu'ils aient tous atteint un certain niveau. On ne songera pas en général à appliquer telle quelle aux Papous la législation de la Révolution. La connaissance de ses effets passés, la prévision de ses effets futurs calculés d'après ses effets passés peuvent modifier notre foi. Mais si la connaissance de l'égalité déjà réalisée crée la foi dans l'égalité, on peut dire, avec autant de raison, que la foi en l'égalité possible crée l'égalité réelle. Les aristocrates croient à une hiérarchie éternelle des êtres et des choses. Ils croient à des lois nécessaires, immodifiables de la nature. Lorimer voudrait que l'on enseignât avant tout aux hommes dans leur jeunesse qu'il y a des choses impossibles (1). La conscience moderne ne pose-t-elle pas au contraire, comme un

(1) Voir Lorimer, *Principes de Droit naturel*, trad. par Nys, vol. II, p. 119 ; Paris, 1900.

postulat, la plasticité de la nature et de la vie ? Il s'agit de savoir non ce qui est bon ou mauvais, mais ce qui peut être fait meilleur. Une idée naît d'abord en une minorité consciente qui la réalise parce qu'elle y croit. Si la vie évolué, c'est que l'évolution a pour condition l'*idée-force*, son moteur intérieur. La conscience, la foi crée la science. Et le représentant de la foi dans toute l'intensité, dans toute l'originalité de sa vie nouvelle, c'est le révolutionnaire.

Ainsi s'opposent l'Evolution et la Révolution.

Mais il est temps de renoncer à ces solutions simples et antithétiques. Le problème est plus complexe. Il faut distinguer d'abord des degrés dans l'impossible. L'idéaliste peut être complètement isolé. Sans l'être, il peut n'avoir d'action que sur un groupe restreint. Entre le moment où le précurseur ne trouve pas d'écho à sa voix et celui où un idéal se socialise, il y a celui où une idée groupe autour d'elle une élite de partisans peu nombreux, mais sûrs. Il faut lutter peut-être en désespéré, jeter une protestation, si vaine qu'elle soit en apparence, lorsque sans agir sur la masse on peut remuer un groupe qui sert de ferment. L'agitation libérale en Russie n'est pas inutile. D'ailleurs, sait-on jamais ce qui sert ? Une agitation produit des effets, mais non pas toujours ceux

que l'agitateur prévoit. Le parti républicain en
France n'a jamais, jusqu'en 1870, profité des Ré-
volutions qu'il a faites. Son action a-t-elle été sté-
rile pour cela ? Des circonstances imprévues peuvent au reste précipiter les événements, rendre possible ou nécessaire demain ce qui paraissait hier
encore à l'horizon lointain. La Révolution de 1792
et celle de 1870 furent, d'après M. Seignobos, des
accidents de politique étrangère. Il semble cependant qu'un Turc libéral fera mieux de se taire et
d'attendre des jours meilleurs, ou de préparer
comme quelques-uns l'ont fait, une transformation
de son pays loin de son pays. Il y a des cas, c'est
celui de la France actuelle, où il semble que l'idéal
peut consentir à abandonner quelque chose de sa
pureté pour passer dans les faits. On peut, par le
désir d'une réalisation immédiate et progressive,
renoncer à travailler au triomphe de l'idée pure.

Ce genre de considérations s'impose à tous,
même aux plus révolutionnaires. Kropotkine
quitte l'Angleterre en 1881 parce qu'il n'y trouve
pas un milieu favorable. On a vu récemment les
révolutionnaires défendre l'ordre dans la rue, la
loi. Inversement, il y a des moments où, dans
toutes les consciences qui comptent, la poussée
d'idéal est si forte, ou la probabilité du succès est
si grande que les distinctions de tempérament s'ef-

facent et que les transformations se réalisent comme
d'elles-mêmes. Plus se généralisera la science des
conditions et des conséquences, plus s'atténuera
l'opposition des méthodes d'action.

On ne saurait cependant méconnaître en ces
matières l'importance du tempérament, de la vocation morale. « Un prophète n'est pas celui qui
reçoit l'éducation d'un prophète, mais celui qui a
la conviction intime de ce qu'il est et doit, et ne
peut ne pas être (1). »

Il y a des hommes qui manquent à leur conscience en abandonnant une parcelle de leur foi.
Mais on ne peut en revanche demander à des organisateurs nés de ne pas saisir l'occasion de faire
quelque chose, de se ronger dans une attente vaine.
C'est pourquoi il n'y a pas lieu de s'indigner *a
priori* contre les Miquel, les Andrassy, les révolutionnaires devenus ministres. Il y a place encore
dans la vie sociale pour le précurseur révolutionnaire, le héros de l'impossible, l'évolutionniste ou
l'organisateur, le conservateur, etc. Ce sont des
types vivants et viables ; mais la science nécessaire
et de plus en plus complexe des moyens et des effets
les modifie.

Le précurseur révolutionnaire d'aujourd'hui dif-

____

(1) Tolstoï, Une lettre inédite (à M. Romain Rolland), *Cahiers
de la quinzaine*, 9ᵉ cahier de la 3ᵉ série, p. 21.

fère ou devrait différer de l'utopiste d'autrefois en ceci que s'il ne réussit pas, s'il ne peut réussir, il ne se fait pas d'illusion sur ce qu'il peut. Il sait qu'il ne peut guère, mais que ce peu il le doit. Il mesuré exactement la portée de son sacrifice. Il satisfait sa conscience, il suit sa vocation. Mais il s'attend à l'insuccès, il l'escompte. On est frappé en lisant les mémoires de Kropotkine de cette union d'une parfaite connaissance des situations et d'une audace sans illusion. La possibilité du succès n'est pas la condition nécessaire d'une foi légitime. Mais il est ridicule de croire le succès possible dans des conditions impossibles. Le révolté quand même est un agité. Un réflexe de la colère ou de la haine n'est pas une pensée. Le martyr, de nos jours, ne compte que s'il est intelligent. Il sera par suite indulgent à ceux qui ne sont pas au même étage que lui. Il les comprend sans être avec eux. Kropotkine admet que l'on peut aller par bien des voies à la société future. Le socialisme marxiste, le coopératisme ou le trade-unionisme, l'anarchisme tendent, dit-il, par des chemins différents vers un but commun, et les deux dernières directions fournissent leur contribution précieuse au progrès de l'humanité. Mais l'erreur a été, selon lui, pendant un quart de siècle, de vouloir à toute force réaliser l'irréalisable utopie d'un mouvement socia-

liste unique calqué sur le modèle de la social-démo-
cratie allemande (1), Durand de Gros, un précurseur dans l'ordre de la science, a écrit ces mots :
« Il en est des écrits comme des plantes, elles ont
leur saison, et quand cette saison est arrivée, ce
n'est plus seulement dans un cerveau à température
exceptionnelle qu'elles se mettent à germer, elles
éclosent simultanément et spontanément dans tous
les cerveaux qui leur offrent un terrain favorable.
C'est la réflexion que doivent se faire les précurseurs et anticipateurs de l'heure normale pour ne
pas être injustes à leur tour (2). » Le précurseur
d'aujourd'hui ne flétrit plus les retardataires. A
peine se croit-il supérieur à eux : il se sait autre.

Le conservateur intelligent veut empêcher les
heurts, les violences stériles, éviter dans les transformations nécessaires les déchirements irrépara-
bles ; il se refuse à compromettre par des impa-
tiences hâtives et pour un avenir encore incertain
les conquêtes de la civilisation, de la pensée. Ainsi
défini, le conservateur se confond avec l'évolutionniste dont nous parlerons plus loin. Sans comprendre son temps, au moins peut-on, une fois
faites les choses que l'on désapprouve, ne pas se

(1) Kropotkine, *op. cit.*, p. 418.
(2) Durand de Gros, *Questions de philosophie morale et sociale* (F. Alcan, 1901). Extrait par M. Parodi d'une note posthume
manuscrite. Introduction, p. xxix.

refuser à en tirer parti, être conservateur, mais non
réactionnaire : tels les conservateurs anglais (1).
Mais poussé à un certain degré, lorsqu'il s'accorde
trop bien avec les intérêts de ceux qui le défendent,
le conservatisme est suspect d'égoïsme ou d'aveu-
glement. Cette harmonie est trop belle pour être
réelle. La nature est rarement providentielle à ce
point. C'est ce qui fera toujours douter de certaines
harmonies économiques. D'autres — témoins
d'âges disparus — peuvent être sincères. Ils sont
rarement intelligents. Ils se fondent sur des croyances religieuses qui ne supportent plus la critique.
Ils sont étrangers à toutes les questions qui intéressent les esprits les plus élevés. Ils appartiennent
à des milieux auxquels manque héréditairement et
par une tradition dont eux-mêmes se glorifient,
l'habitude de voir les choses en face. Ils ne se sont
jamais avisés de situer leur pensée. Ils expriment
exclusivement leur, caste, leur race, leur classe.
Pour satisfaire de vagues inquiétudes philosophiques, rarement absentes des âmes les plus élémentaires, des intellectuels fournissent à ces politiques
sans pensée des apologétiques sophistiques. Quelques-uns de ces pseudo-penseurs, journalistes, gens
de lettres, romanciers, ont sur les foules, sur un
certain public, par leur éloquence, leur art ou leur

(1) Seignobos, *op. cit*, p. **64**.

brutalité, une puissance de suggestion particulière.
Ils ne comptent pas comme penseurs, mais comme
forces sociales.

L'évolutionniste doit l'être sans fausse honte,
sans peur. Car il faut du courage pour résister à
des entraînements passagers que l'on ne pourrait
soutenir ou dont les conséquences seraient funestes.
Ceux qui craindraient, en adoptant cette attitude,
de trop pencher dans le sens de leurs intérêts, de
leur repos, peuvent se rassurer. Ceux qui boulever-
sèrent dans ses profondeurs la société et la vie furent et voulurent être des *modérés*. Socrate ne continuait-il pas à sacrifier aux dieux ? Et le Christ
prétendait compléter, non détruire. Cela ne les
sauva pas. Surtout il faut du courage pour résister
à des entraînements passagers que l'on ne pourrait
soutenir ou dont les conséquences seraient funestes.
Ceux qui craindraient, en adoptant cette attitude,
de trop pencher dans le sens de leurs intérêts, de
leur repos, peuvent se rassurer. Ceux qui boule-
versèrent dans ses profondeurs la société et la vie
furent et voulurent être des *modérés*. Socrate ne
continuait-il pas à sacrifier aux dieux ? Et le Christ
prétendait compléter, non détruire. Cela ne les
sauva pas. Surtout il faut nettement choisir entre
l'attitude révolutionnaire et l'attitude évolutionniste. Il est absurde de vouloir cumuler les avan-

tages des fonctions sociales qui engagent implicitement au respect de certaines institutions existantes, avec la joie d'être uniquement l'homme de
l'avenir. Il faut user de tous ses droits, mais en
savoir la limite. A chacun sa place dans le combat,
à chacun son étage d'action.

L'idéal serait que les types divers ou opposés, le
conservateur, l'évolutionniste, le révolutionnaire,
se connussent, se comprissent, les uns maintenant
l'ordre et la continuité, les autres entretenant l'esprit de vie. Il faut ici comme sur bien des points
démarquer, laïciser la psychologie, la politique
catholiques. Dans l'Eglise organisée et triom-
phante, les réguliers renouvellent la sève généreuse. Les moines ont été souvent blâmés, désa-
voués par l'Eglise pour être ensuite approuvés,
utilisés. Il faut retenir cette idée d'une Eglise régulière militante, d'une Eglise séculière, de caractère
plus modéré, plus administratif en quelque sorte.
Ainsi en devrait-il être dans une société laïque.
Pendant la période terroriste en Russie, un pacte
intervint entre le Comité exécutif révolutionnaire
et le comte Ignatiev. Un agent envoyé par lui à
Paris conclut avec les réfugiés russes un armistice. D'après les termes de cet armistice, il ne
devrait plus y avoir désormais d'exécutions pour
les complots remontant au règne d'Alexandre II,

sans compter d'autres concesssions. De son côté, le Comité exécutif s'engageait à ne pas attenter à la vie du tsar jusqu'après le couronnement. Le pacte fut respecté des deux parts (1). Image tragique des relations qui pourront à l'avenir s'établir non plus entre des haines, mais entre des tempéraments opposés, à la recherche d'un équilibre mobile. A l'occasion d'une agitation récente également révolutionnaire, des rapprochements se sont faits en France, qui ont continué dans les Universités populaires et jusque dans les Comités politiques, entre des citoyens ayant une place et une place confortable dans la société organisée, et des hommes qui faisaient profession de travailler à la détruire. Il semble que les uns et les autres aient profité de ce rapprochement. Une conception relativiste de la vie s'imposera de plus en plus qui amènera des transactions honorables entre les différents types de vie.

On ne saurait cependant espérer supprimer les luttes des croyances, des partis, la guerre (2). Il faudrait seulement que tout en se battant les adversaires ne cessassent pas de se comprendre. Ils lutteront alors loyaux et sans haine, avec cette pensée

(1) Voir Kropotkine, *op. cit.*, p. 460.
(2) Cf. chap. VII, p. 199-200.

qu'ils représentent chacun un point de vue sur la vie, disant comme Athalie :

Ce sont deux puissants dieux.

Cela sera possible le jour ou les vocations diverses s'affirmeront modestement comme telles. Que le révolutionnaire n'invoque pas la nécessité des crises, l'évolutionniste celle de la continuité, l'un et l'autre les lois fatales de la nature, le partisan de la guerre ou des *opérations de police un peu rudes* une philosophie de l'histoire tirée de la Bible ou de Darwin, une apologétique apocalyptique empruntée à Joseph de Maistre. Que chacun se pose comme il est, sans phrase et sans sophisme.

***

On appliquerait aisément les conclusions précédentes à l'individu considéré dans ses rapports avec lui-même, indépendamment de la société. Dans l'organisation de notre vie il faut tenir compte non seulement de notre devoir, mais de notre pouvoir, et à ce point de vue il y a des crises et des évolutions, des violents et des opportunistes. Il peut être dangereux de s'arracher à soi-même. L'essentiel est que l'on ne décide en sa propre cause qu'après enquête, et comme s'il s'agissait d'autrui.

CHAPITRE IX

LE RELATIVISME MORAL

La conception de la morale que nous avons développée est certainement relativiste.

Cela ne signifie pas que l'on ne puisse d'après nous s'entendre sur des problèmes moraux. Nous croyons, au contraire, que la méthode par nous définie est la seule par laquelle les hommes puissent aboutir à un accord. En fait, on s'entend généralement aujourd'hui sur l'indépendance de la morale. Les religions, les philosophies apparaissent comme des justifications ou des achèvements de la morale comme de la science. On ne soutient guère qu'elles en fournissent le contenu. Les religions insistent sur le caractère moral, humain, de leur enseignement, laissent le dogme dans l'ombre ou l'interprètent philosophiquement, de façon à laisser au mystère la moindre place. Les philosophies effacent leurs frontières ; les philosophes orthodoxes n'excommunient plus les panthéistes, les matérialistes. Les hommes s'entendent encore sur les vérités morales que l'on peut appeler formelles : ne pas mentir, ne pas se contredire par intérêt dans ses actes ou ses paroles, telle est la caractéristique de tous les individus, de tous les partis honnêtes. On s'entend aussi sur certaines perceptions morales communes : le devoir de philanthropie, certaines formes de justice, l'égalité devant la loi, par exemple. On se sépare sur les formules de certaines de ces perceptions communes: charité, solidarité, justice. Encore beaucoup de ceux qui ne s'accordent pas sur les formules s'accordent-ils sur la nécessité des actions que ces formules systématisent (1). Les différences les plus irréductibles portent non sur les fins, mais sur les moyens d'action. Les esprits, les tempéraments moraux s'opposent plus que les consciences. Il y a des évolutionnistes, des révolutionnaires : telle est l'opposition irréductible, et encore cette opposition pourrait-elle être réduite (2). Outre cette unanimité de fait, une unanimité de droit devrait exister, qui n'existe pas par la faute des hommes : cela peut s'établir, quoique cela ne soit pas reconnu de tous. On peut montrer que sur telles questions certains hommes sont disqualifiés par leur insincérité, leur inintelligence, leur ignorance, leur attachement à des traditions mortes, leur peu de sens du réel.

(1) Voir chap. VII, p. 201.
(2) Voir le chapitre précédent.

L'unanimité de fait serait certes plus fréquente encore si la superstition ne persistait des idéologies sans contact avec le réel, de l'invention comme telle. Le système ingénieux d'un chroniqueur, d'un homme d'esprit, les consultations graves d'un journaliste trouvent encore crédit. Quand on saura discerner les vrais compétences sociales, bien des opinions ne compteront plus (1). C'est, au reste, une erreur de croire qu'il y a plus d'unanimité en science. Sur les théories scientifiques, les discussions sont aussi vives que peuvent l'être les discussions philosophiques. Pour faire accepter une vérité scientifique telle que la découverte de Pasteur, il faut lutter avec autant d'ardeur que pour faire triompher une croyance sociale. Si, dans cet ordre, les moyens de lutte sont autres, si les divergences d'idées s'expriment parfois avec moins de violence, c'est que les questions scientifiques intéressent un moins grand nombre d'hommes. On s'entend, il est vrai, sur les lois empiriques, mais ne s'entend-on pas également sur les perceptions morales communes ?

Notre attitude morale n'en est pas moins relativiste. L'honnête homme comprend d'autres types moraux que le sien. L'histoire moderne a agrandi son horizon. Elle a transformé les croyances mo-

(1) Voir chap. III, p. 84-85.

rales comme les conceptions astronomiques modernes ont transformé les croyances religieuses. Notre
morale a cessé dès lors d'apparaître comme absolue,
éternelle, de même que l'humanité a cessé d'apparaître comme la fin de l'univers du jour où la terre
n'en a plus été le centre.

De tout temps, à vrai dire, on a reconnu les
variations des croyances. Mais les philosophes ne
voyaient dans les croyances diverses que des formes
diverses d'erreurs, que leur système — le seul
vrai — devait définitivement remplacer. Ils préten-
daient démontrer que telle croyance, telle institution étaient seules absolument raisonnables. Ils
reconnaissaient d'ordinaire — les méditatifs étant
volontiers conservateurs — que les institutions
sociales actuelles, la forme actuelle de la famille,
de l'héritage, de la propriété exprimaient précisément l'ordre éternel des choses (1). Il faut renoncer
à cette prétention. Les variations de l'humanité ne
sont pas des efforts infructueux vers une vérité
qu'il s'agit de dégager, lumineuse, définitive. Nous
ne devons plus tenter de justifier par une théorie

---

(1) Le sociologue allemand Stammler remarque que les conceptions de droit naturel, après avoir justifié les idées révolutionnaires,
servent aujourd'hui — particulièrement en économie politique
— les idées conservatrices. Cela est vrai. Mais il faut remarquer
que les théories de droit naturel n'ont guère été, à toutes les
époques, chez les philosophes proprement dits, qu'au service
des idées conservatrices.

générale sur Dieu, la nature ou l'histoire, tel idéal spécial de justice ou de vertu. Notre morale est donc relative, non pas seulement en fait, mais en droit.

Pourquoi s'en inquiéter ? Le savant défend des théories dont il sait bien qu'elles ne sont pas éternelles. Les sociologues ont besoin d'apprendre des physiciens le sens du complexe, du relatif. Les sciences morales et sociales sortent à peine de la période héroïque, primitive, où le contour des choses se dessine très simple et très pur. Descartes construisait sans une équation toute la physique mécanique. Le relativisme moral doit se modeler sur le relativisme scientifique. Cela paraît une mince joie, cela paraît une duperie de donner sa vie pour une vérité qui se donnera démentie demain. Et cependant c'est là une condition que l'homme accepte dans bien des cas, que certains caractères profondément empreints dans sa nature le disposent à accepter.

C'est une erreur psychologique de penser que d'en savoir les limites affaiblisse nécessairement une croyance. L'état normal de l'homme est d'aimer, comme s'ils étaient éternels, des êtres périssables. Il se console naturellement de ne pouvoir tout parce qu'il peut quelque chose. Il concentre toute son âme sur un objet limité, et il est heureux ainsi. Un morceau de pain rassassie une faim qui paraissait sans fond ; il suffit, pour apaiser une ambition qui semblait démesurée, d'un honneur, d'une fonction modeste. La pensée que sa vision ne fut pas celle de tous les peintres avant lui n'arrêtera jamais la main d'un artiste. De même, dans une certitude limitée, provisoire, le savant met toute sa puissance de penser. Il possède en une vérité comme un échantillon de la vérité. C'est sans doute qu'au travers de ce désir limité il sent le désir infini que celui-ci localise. Bien plus, il ne peut sentir l'infini que sous cette forme particulière et *concentrée*. La vérité n'est pas faite du contour de toutes les vérités. L'amour vrai n'est pas celui qui se promène d'objet en objet (1). Seule une certitude localisée satisfait la conscience, donne le sentiment de la plénitude.

Mais il importe, pour que l'homme s'adapte à cette condition d'une foi relative et mobile, qu'il exorcise définitivement le fantôme de la vérité une, où toutes les autres seraient incluses, conception substantialiste, panthéistique, qui dénie de droit d'être aux vérités spéciales. Le scepticisme est l'effet naturel de cette tendance à toujours dépasser la vérité actuelle. C'est ainsi qu'à rêver toujours un bonheur supérieur on manque le bonheur vrai,

(1) Voir chap. VII, p. 196 et sqq.

que l'on a sous la main : disposition ordinaire de
la jeunesse volontiers *romanesque*, tandis que
l'homme mûr est *idéaliste*, incarne son idéal dans
le réel. On manque de même la certitude pour toujours la chercher dans de lointains au-delà. A laisser errer ses regards à côté, au delà, au-dessus de
l'idée agissante on perd le sens, la joie de la réalité,
immédiatement connue et vécue.

Par l'effet d'un préjugé analogue on imagine
que la science, en particulier la connaissance de
l'histoire détruit nécessairement un idéal. A moins
d'être universel un idéal peut-il être légitime?
Or quel est l'idéal universel ? On ne peut comprendre que l'on puisse croire encore après avoir
fait le tour des croyances. Eh quoi, Renan, Anatole
France ont une foi ! Nous cherchons alors dans les
raccords et les relations analogiques que la philosophie établit entre les vérités ou dans la certitude
profonde, mais formelle, d'un soi sans contenu, la
certitude substantielle que l'on trouve seulement
dans la vérité particulière. Au lieu de fuir dans
une atmosphère imaginaire, respirons chaque
vérité, chaque beauté. Nous ne connaissons pas de
centre unique qui soit *la lumière*. Elle est toute
dans chaque rayon. Il faut persuader cela à
l'homme lui apprendre à détailler, à monnayer
Dieu.

Il se peut sans doute qu'une croyance s'affaiblisse au contact d'autres croyances, et si la conscience, après une enquête aussi complète et sincère que possible, constate que cet affaiblissement est invincible, elle ne peut que l'accepter comme rationnel (1). Mais bien des croyances se dissoudraient, selon nous, moins aisément, si l'on n'était persuadé qu'un idéal n'est en droit justifié qu'à la condition d'être absolu, ou d'être suspendu à une vérité absolue. Il suffit à bien des hommes pour être ébranlés dans leur foi d'en découvrir l'histoire. Leur scepticisme a pour origine une superstition matérialiste de l'éternité.

Il est vrai encore que si l'on songe au passé, aux causes, aux circonstances d'une croyance, même invinciblement certaine, il y a chance pour que son feu s'amortisse. Faut-il conclure de là que seule est solide une croyance fondée sur un principe simple, indécomposable, éternel, que nous devons nous consacrer tout entiers à chercher ? Non pas, mais qu'il y a un temps pour l'analyse, un temps pour la vie ; car c'est une loi psychologique bien connue qu'on fait malaisément deux choses à la fois. Il s'ensuit qu'étudier l'histoire et la vivre se contrarient. On peut remédier à cet inconvénient en choisissant son temps pour pen-

(1) Voir plus haut, chap. IV, p. 91.

ser, son temps pour agir. Ce n'est pas le moment
de songer aux civilisations disparues quand on va
voter ou parler à la Chambre. Il en est qui sont
incapables de ce partage. C'est une faiblesse et il
est puéril d'ériger en nécessité métaphysique une
disposition plutôt morbide de la pensée : l'incapacité de se donner tout entier à ce qu'on fait, sans
distraction. Ce peut être là d'ailleurs une de ces
impuissances humaines, rançons de certaines supé-
riorités. Un penseur est un homme d'action mé-
diocre. Mais de ce que l'on risque de faire mal de
la physique, si on fait en même temps de la pein-
ture, le physicien ne conclut pas qu'il faut trouver
à la physique un fondement éternel. Il distribue
mieux son temps (1).

Le préjugé des vérités absolues conduit à cette
autre illusion que seule l'intelligence contemplative, théorique, qui connaît la nature dans son
ensemble, est digne du nom d'intelligence. Car
seule elle connaît des lois objectives, immuables,
éternelles. On lui subordonne la pensée morale qui
s'applique à l'action, au désir humain. La certitude morale n'est justifiée que si elle s'appuie sur
une philosophie de la nature ou de l'existence.
Or cette philosophie n'étant pas possible, nous
doutons de la certitude morale.

(1) Cf. chap. ii, p. 57 et sqq.

La racine de ce sophisme est ce préjugé naturaliste, chosiste, que l'être est supérieur à l'agir, que la certitude pratique est faite d'une autre étoffe que la certitude théorique, qu'elle est *sentiment* et que l'autre seule est raison.

Préjugé théologique aussi, héritage des temps où l'on concevait la croyance comme dépendant d'un commandement divin, d'un Verbe éternel une fois prononcé. Il y a des méditatifs, des contemplatifs par nature. Cela est bien. Mais qu'ils soient tels par vocation, non par ce préjugé sophistique qui pose comme nécessaire telle forme de vérité. Toutes les formes de vérité ont le même droit à vivre (1).

Telles sont les causes philosophiques de la résistance à une morale relativiste. Il en est d'un caractère plus *passionnel*. L'homme est orgueilleux ; il faut qu'il confonde ses adversaires,

> *Sur ses obscurs blasphémateurs.*
> *Verse des torrents de lumière.*

Il ne lui suffit pas de croire. Il faut qu'il ait pour compagnons de sa foi tous les hommes, la nature et Dieu. L'homme est paresseux. La réflexion particulièrement pénible, c'est la réflexion scientifique, à mi-côte. On se meut à l'aise parmi les vérités générales qui laissent du jeu à l'imagination. La

(1) Cf. chap. ii et iv.

plúpart des hommes, toujours disposés à dépasser
le réel par le rêve, avides de mystérieux, d'extraor-
dinaire, incapables de se résigner au simple, répugnent à cette attitude à la fois difficile et modeste :
l'adaptation précise à un objet ; et c'est pourquoi
ils cherchent souvent ce qu'ils ont, en vérité,
trouvé. Ce besoin de vagabondage paresseux se dissimule sous les apparences d'une métaphysique
profonde. On veut fonder la morale : cela dispense
de l'effort pénible et méthodique qui crée la foi
positive. L'homme enfin est timide, et évite les problèmes précis et pressants ; l'homme du commun,
en restant à la surface des choses, le métaphysicien
en s'élançant d'emblée vers les sommets.

Cette façon modeste de considérer la vie et la
vérité n'empêche pas de défendre, de propager sa
foi. Cela est naturel. Une croyance tend à être
comme toute vie. Cela est rationnel, car, comme
nous avons vu, toute tendance apparaît comme
rationnelle, du moment qu'elle est préférée à toute
autre ou qu'aucune autre ne s'y oppose. Cela est
obligatoire car le devoir caractérise ce moment où
par l'effet d'un obstacle la spontanéité rationnelle
se réfléchit. Si une croyance tend à se défendre, à
se propager, il est aussi obligatoire de la défendre,
de la propager. Cette tendance à être, ce caractère
rationnel, obligatoire d'une croyance sont indépen-

dants de sa nature, de son extension. Une croyance
toute individuelle et se sachant telle peut être aussi
invincible qu'une croyance partagée par tout l'univers. Une conscience ne défendrait pas moins sa
foi, si elle la défendait comme son bien, son pays,
comme quelque chose d'elle-même. Elle ne la pro-
pagerait pas avec moins d'ardeur, avec un moindre
sentiment de son devoir, si elle la propageait
comme elle développe son être. Mais il est de fait
qu'en défendant sa foi l'homme défend plus que
lui-même. Il y a quelque chose de moi, mais il n'y
a pas que cela dans la vérité que je défends. Il y a
peu de devoirs singuliers, nous l'avons vu : tout
homme qui approfondit sa conscience éprouve
qu'elle est en partie sociale. La foi qu'il a conquise
ne lui est pas propre. Elle est ou sera celle d'un
temps. Elle est aussi une forme de la foi universelle, de la foi humaine. Il est absurde de vouloir
d'emblée s'élever à une vie éternelle, impersonnelle, surtout de prétendre en la vivant résoudre
des problèmes spéciaux, mais il est légitime d'extraire de sa vie ce qu'elle contient d'humain, de
se reposer de la pensée militante dans la contemplation des formes éternelles.

CHAPITRE X

CONCLUSION

L'ATTITUDE MORALE SCIENTIFIQUE

Enumérons les critères moraux que nous avons
en quelque sorte recueillis au fur et à mesure de
ces études.

Les consciences qui comptent sont les consciences
capables tout d'abord de se libérer de toute théorie,
de se mettre face à face avec elles-mêmes. Ce sont
celles qui de plus se placent pour se connaître dans
cette attitude impersonnelle nécessaire pour penser
quoi que ce soit : être moral, c'est penser sa conduite, sa vie. Mais c'est aussi la pensée *a priori*.
Une conscience morale se reconnaît à ce troisième
signe qu'elle a un *idéal*.

Il ne suffit pas de penser. Il faut trouver le centre
qu'elle répugne aux systèmes, une conscience morale est caractérisée par une doctrine, celle-ci tout
au moins qu'il y a une vérité de la conduite. Mais
une doctrine morale ce n'est pas une métaphysique, ce n'est pas davantage nécessairement, la

plus universelle, la plus abstraite de toutes les doctrines. C'est une de ces pensées conscientes qui comme toute pensée scientifique se rétrécissent ou s'élargissent à l'épreuve, au contact des autres pensées, de l'expérience en général.

Cette doctrine s'exprime par une formule. Toutes choses égales, la conscience la plus morale est celle qui se sait le mieux elle-même, dont la formule est la plus nette, la plus *directe*.

La seule pensée, doctrine ou formule valable, est celle née au contact du milieu auquel elle se rapporte, qui s'est mise à l'épreuve de l'action.

Le juge en dernier ressort de toute croyance qui se présente comme vraie, est la conscience rationnelle, impartiale de chacun. Mais la réalité morale dépasse la conscience individuelle, de sorte que le devoir de toute conscience est de s'ouvrir à toute la réalité morale, n'y ayant pas de raison pour que la vérité — celle même qui me concerne — se manifeste plus à moi qu'à autrui. Il y a pas davantage de raison pour que cette réalité se manifeste seulement à la conscience. Elle peut s'exprimer par des signes objectifs, inconscients. La conscience la plus autorisée sera donc, toutes choses égales, la plus ouverte, la plus informée.

Cela s'applique aux individus comme aux groupes. Il n'y a pas de parti moral, sans pensée, sans doctrine, sans formule. Un parti est immoral si ses adhérents sont visiblement étrangers à la science, à la critique.

Le signe extérieur de cette attitude mentale, c'est — sauf les réserves indiquées plus haut (1) — l'indifférence au plaisir et à la peine. Une conscience morale se caractérise par sa capacité de souffrir pour l'idée. Il n'y a pas de parti moral sans héros.

C'est le caractère de toute certitude de se confirmer par sa propre répétition. A ce titre, c'est un préjugé en faveur d'une croyance que sa diffusion, sa puissance d'expansion.

Voilà pour la conscience et l'intelligence des fins. Voici pour l'intelligence des moyens — distinction au reste en partie factice ; car en même temps et, jusqu'à un certain point, par le fait même qu'elle connaît ce qu'elle peut, une conscience connaît ce qu'elle est et ce qu'elle doit. Une conscience morale est incomplète si elle ne se rend pas compte de la portée et des limites de son action, de ses chances de succès.

Parmi ces chances, on en peut signaler une essentielle, c'est la quantité des adhérents d'une idée, par suite la puissance d'expansion, la sève d'une doctrine : conclusion où nous avions déjà abouti par une autre voie.

(1) Chap. i et ii

Ce critère est, à vrai dire, secondaire en ce sens que quiconque est moral a pris le parti de l'idéal. Il cherche la vérité, non la vie. Mais il est essentiel, en ce sens que le héros moderne ne doit se sacrifier que le sachant et le voulant. Il est intelligent.

Les consciences ou les partis moraux les plus dignes d'être suivis sont donc ceux dont l'idéal, dans un ordre d'actions donné, est le plus net ou le mieux défini, le plus vécu, servi par l'intelligence la plus sûre, la mieux informée, et, autant que faire se peut, le plus fort. Je serai du côté où il y a le plus d'idéal, le plus d'intelligence, le plus de sève.

Aucun de ces critères ne se suffit à lui-même. Ils se corrigent, se complètent l'un l'autre. La croyance morale est un résidu. Elle est faite d'apports multiples et divers. Aussi une morale ne doit-elle pas de développer comme une suite de théorèmes. Il s'agit par des raisons variées et convergentes de faire éprouver aux consciences sincères qu'en définitive c'est ceci qu'elles veulent plus que toute chose.

L'honnête homme se préoccupe moins de rattacher sa croyance à un principe supérieur que de l'approfondir elle-même, et, plus encore, de la manifester, de la développer. Sa conscience est ouverte

à toutes les idées morales, à toutes les méthodes
d'action d'un temps, sans prétention à la certitude
universelle. Il fixe sa croyance où l'épreuve de la
vie, le contact avec les autres croyances, l'expérience tout entière l'a fixé. Sa pensée est *critique*.

C'est là son caractère essentiel. Il y a plus
d'hommes qu'on ne pense qui se posent le problème moral. Il y a peu d'hommes qui n'aient eu
occasion de dire : « Cela, je ne le ferai jamais ».
Tout milieu social a sa morale. Si nous laissons de
côté les *insensibles moraux*, ce qui différencie les
hommes, c'est d'abord le plus ou moins de cons-
tance de leur volonté : les uns sont moraux par
accident, les autres font métier de l'être. C'est
encore que pour les uns la moralité fixe seulement
une limite, pour les autres un but. Les premiers,
évitent certaines fautes. Ils ne feront pas ceci ou
cela ; les autres se vouent à une œuvre. Mais c'est
aussi et surtout leurs facultés critiques qui distinguent les hommes. Peu d'hommes ont éprouvé leur
foi : un plus petit nombre encore l'a critiquée.

La méthode d'action que nous indiquons paraît
toute simple, et les réflexions qui précèdent bien
modestes. Nous croyons cependant que bien comprises elles pourraient transfigurer une conscience,
une vie. Chercher la certitude dans une adaptation
immédiate au réel, au lieu de la déduire d'idéolo-

gies abstraites, utiliser comme un moyen d'épreuve
pour la croyance tout ce qui passe pour en être le
principe, faire servir à l'idéal vivant, contemporain, les vérités éternelles ou objectives, au lieu de
chercher dans celles-ci la règle de l'action, ce serait
pour les âmes faussées ou étriquées par les doctrines
d'école une révolution, une renaissance.

Il faut transformer dans ce sens l'enseignement
de la morale. On ne laissera pas croire à l'enfant
qu'il y a une morale éternelle, un code éternellement promulgué, *code de la nature* ou *code divin*
où sont inscrites une fois pour toutes les maximes
de vie. On lui donnera le sentiment que l'on peut
vivre et mourir pour des certitudes relatives, provisoires, que telle est la condition humaine à
laquelle on peut, on doit s'accommoder, si l'on
ne veut pas s'épuiser dans la poursuite de vaines
chimères. On l'imprégnera de cette idée que la
vraie morale est la morale contemporaine, que
celui-là seul est homme qui vit la vie de son temps.
L'ordre adopté par nos programmes de morale dans
les classes de philosophie doit être pour cette raison
complètement renversé. Il est d'une méthode
fâcheuse de parler d'abord des théories sur le bien
et le mal, le devoir, avant de développer la morale
elle-même. Le professeur de géométrie ne commence
pas par une dissertation sur l'espace. Il ne faut pas

laisser supposer à l'enfant que les seuls maîtres de morale, ce soient les livres ou les philosophes, si grands qu'ils puissent être. Il ne saurait être question sans doute de le mêler aux polémiques contemporaines. On ne peut guère dépasser dans l'enseignement de la morale la perception commune les *leçons de choses*. Mais que ces leçons du moins soient empruntées à la vie moderne. Je consens que l'on parle de Socrate, de Kant, mais que l'on parle aussi de coopératives, de syndicats, de mutualités. On n'inspirera pas la défiance préalable de la politique, de la polémique, de l'action ; mais l'on suggèrera au contraire cette impression que la matière de la réflexion morale, c'est le journal, la rue, la vie, la bataille au jour le jour. Et par là-même on ne laissera pas l'enfant glisser à cette pensée où entraîne une fausse interprétation de la science, que toute la réalité est un spectacle, comme si la conscience devait tout entière se dissoudre dans la science objective. La réalité totale se manifeste également par les choses et par l'action qui les informe. En leur synthèse consiste la vie.

L'attitude que nous avons définie est intermédiaire entre les deux attitudes les plus ordinaires en ces questions.

Les uns prétendent suspendre la certitude morale

à une certitude métaphysique ou objective. M. Durkheim semble confondre la morale et la sociologie : ce qui est une façon de confondre la morale et la philosophie morale. Car les sciences sociales objectives, si on prétend en déduire la morale, constituent un nouveau système de sophismes philosophiques, puisqu'elles identifient sans raison l'idéal et le réel. Les autres isolent l'action de la science et font de la conduite un *art*.

Or entre l'art de vivre et la philosophie de la morale il y a place pour une science de la vie. On ne peut sans doute déterminer *a priori* par des maximes générales tout le détail des jugements moraux, et en ce sens la vie est un art. Peut-on davantage à l'aide des formules mécaniques ou dynamiques générales toutes seules construire une bicyclette ? Mais on peut définir les conditions d'une certitude morale légitime, d'une expérience morale bien faite, et on aboutira en se plaçant dans ces conditions à une certaine entente. Les différents types moraux se différencient et se hiérarchisent selon qu'ils se conforment plus ou moins aux règles d'une morale expérimentale (1). En ce sens il y a une science de la vie. Entre les croyances morales

____

(1) M. Saleilles se sert du mot de *constatation expérimentale* pour exprimer un point de vue analogue au nôtre : *Revue trimestrielle de Droit civil*, n° 1, p. 106.

déduites d'une métaphysique ou d'une philosophie
et les suggestions de l'inspiration individuelle il y
a place pour une croyance morale positive (1).

*
* *

Une telle attitude est, en effet, positive, scientifique. Ce qui caractérise l'attitude scientifique,
c'est l'union de l'idée et du fait, la vérification de
l'idée par le fait. Mais cette idée n'est pas l'idée
métaphysique universelle, c'est l'idée qui aboutit
au fait, particularisée par cela même : l'*axioma
medium*. D'autre part, le fait qui vérifie l'idée n'est
pas le fait brut de la perception commune, c'est
le fait transformé par un *manuel opératoire*, un
fait de laboratoire. La perception commune n'est
que le lieu d'application de la pensée scientifique.
Le fait scientifique est une idée *pratique*. La science
est constituée par l'union d'une idée théorique,
cérébrale en quelque sorte, et d'une idée réalisée
par les doigts, motrice, et c'est cette idée expérimentale qui s'impose à la perception commune

(1) M. Espinas, d'abord évolutionniste sans restriction, reconnaît aujourd'hui qu'il faut adjoindre à l'évolutionnisme une philosophie de l'action qui donne un sens aux vieux mots de liberté
et de devoir. « La *science* (la science objective) n'est, dit-il, que
la moitié de la conscience et de la vie. Tout déploiement de
l'action suppose une foi. En un mot, l'avenir sera fait des choses
auxquelles nous croyons le plus fermement. » *Philosophie sociale
au xvııı° siècle*, p. 14, 15 et sqq. ; Paris, F. Alcan, 1898.

pour la transformer. De même la conception morale théorique est vérifiée non par la perception morale commune, mais par la formule élaborée de cette perception, par une expérience. A l'idée scientifique dans son intégrité — union du fait et de l'idée — correspond l'idée morale *éprouvée* par l'honnête homme. De même encore que le savant utilise les théories, les explications figuratives sur la constitution de la matière, de même les théories métaphysiques ou religieuses valent comme moyens de suggestion pour la croyance. La pensée morale, comme la pensée scientifique, aboutissent au fait brut, mais comme à un champ d'action. La nature fournit à la seconde, la perception morale commune, à la première une matière extérieure qui attend sa forme.

Le problème est dans les deux cas non de constater une réalité toute faite, mais de savoir ce qui dans cette réalité se prête à la pensée. L'honnête homme tel que nous l'avons défini correspond bien au savant de laboratoire, tel que le façonne la pratique des sciences expérimentales. Il n'est pas un métaphysicien. Il n'est pas davantage le pur empirique qui reste à la surface des choses, sans en pénétrer les lois profondes. Il fait avancer la science, il pense modestement dans son ordre. Il est à ce premier degré de la pensée où elle dépasse pour les rejoindre les données immédiates du sens commun, où elle touche le sol. Il va à la conquête de la vie, comme le savant à la conquête de la nature. Un savant qui penserait sur les choses morales se mettrait dans l'attitude que nous avons dite.

La différence de la science et de la morale consiste en ceci que la perception commune qui vérifie l'idée scientifique correspond à une nature extérieure. Le savant constate un fait hors de lui ou plutôt indépendant de lui, qui fait partie d'un système cosmique étranger, indifférent au système des désirs humains, tout au moins autre. La morale, c'est la science de l'ordre idéal, de nos tendances, de nos actions. Elle ne connaît que les croyances humaines. L'expérience qui vérifie une croyance est elle-même une croyance, mais pratique, éprouvée. Le fait brut, matière de cette expérience, est une croyance encore, seulement immédiate, spontanée, non réfléchie.

La différence entre la certitude théorique et la certitude morale n'est pas cependant, même à ce point de vue, aussi absolue qu'il le semble. L'extériorité matérielle n'est qu'un signe faillible d'objectivité. Une hallucination est extérieure. L'objectivité, c'est l'indépendance à l'égard de mon individualité. Si l'on entend ainsi l'objectivité, nous avons vu qu'à la croyance morale elle-même correspond une réalité objective (1).

Une telle doctrine est également opposée à l'empirisme et au rationalisme moral. De même que l'empirisme théorique a été la première forme de la réaction contre la métaphysique de la nature, à la métaphysique morale ou sociale s'est opposé l'empirisme moral ou social. Ainsi une politique sans idées s'est opposée à l'idéalisme intransigeant et révolutionnaire (2). Mais de même que la pensée spéculative a renoncé à la fois de l'idéalisme dialectique et à l'empirisme baconien pour en venir à l'idée de la déduction mobile et modifiable, de même la conscience morale a abouti à la conception d'un idéal positif informant les choses, vivant et en travail. Le fond de la vie sociale n'est pas le mouvement selon le mot de Bernstein, c'est l'idéal en mouvement (3). La notion d'équilibre mobile se substitue à celle d'équilibre statique, celle de *fonction* à celle d'*état*.

(1) Chap. V, p. 109-110.

(2) Il y a eu en France, après la guerre, un mouvement de réaction contre l'idéalisme, une sorte d'empirisme, de réalisme politique qui, sans doute, a servi les ambitions de quelques politiciens, mais qui fut aussi inspiré par des motifs patriotiques. Ce fut le moment de l'influence de Taine. Voir l'article de Léon Dumont, *La civilisation comme force accumulée*, *Revue scientifique*, 1872, p. 1229.

(3) *Ein Naturrecht mit wechselndem Inhalte* (Stammler, *Wirtschaft und Recht nach der materialistischen Geschichtsauffassung* 1896), p. 85. Cf. p. 588 et 600, *Idealisierung des empirischen erwachsenden Wollens und Strebens*.

Il est vrai qu'en fait les hommes s'entendent plus aisément sur les questions scientifiques que sur les problèmes moraux, que les certitudes morales sont plus mobiles que les certitudes scientifiques. Mais il faut définir la science non par ses résultats, mais par l'état d'esprit qu'elle suppose (1): Quand l'honnête homme ne pourrait légiférer que pour lui-même, son attitude serait encore celle du savant. Il y a donc relativement à l'idéal une attitude scientifique possible, et il faut opposer non la science et l'idéal, mais la *science de l'idéal* où plutôt *de l'action idéale et la science du réel* (2).

Une telle conception se rattache historiquement à la morale du sentiment. Les moralistes de cette école ont eu le mérite de mettre en lumière la certitude immédiate, les principes spéciaux, par opposition aux constructions, aux systèmes de morale. Mais leur erreur a été d'accepter telles quelles les

---

(1) Voir notre *Méthode dans la Psychologie des sentiments*, chap. 1er.

(2) La conception des *idées-forces* de M. Fouillée se distingue de la nôtre en ceci qu'il semble mesurer la valeur de l'idéal *uniquement par ses effets*. La question de l'idéal reste pour nous une question de conscience. Il nous semble que sur ce point notre pensée se rapproche de celle de juristes français tels que MM. Esmein, Saleilles, Gény, et surtout Emmanuel Lévy, *op. cit.* (Cf. Saleilles, *Revue trim. de Droit civil*, 1902, n° 1, p. 85 : Ecole historique et droit naturel). M. Espinas semble évoluer dans la même direction. Cf. la conception de Stammler, *op cit.* On trouvera dans les travaux allemands de morale, analysés par M. Segond (*Revue phil.*, septembre 1902) des indications dans le même sens. Cf. Ruyssen, *Revue de mét.*, septembre 1902.

données de la conscience commune. Pour nous, ce n'est pas l'observation, c'est l'expérience qui vérifie les déductions morales. Le critère moral, ce n'est pas le consentement universel, mais la certitude de l'homme compétent élaborant dans une attitude impersonnelle les données de la conscience commune. De plus, ces penseurs attachent une importance excessive aux sentiments qui concernent l'agent moral, mépris, admiration, approbation, blâme, etc., tous états de conscience qui ne sont pas les signes infaillibles de la vérité (1). Ils regardent enfin comme essentielle, comme spécialement caractéristique de la moralité l'enveloppe affective des idées pratiques. Et c'est pourquoi on reproche en un sens avec raison à la morale du sentiment son caractère purement subjectif. Nous avons vu qu'au contraire le plaisir et la peine doivent être tenus pour indifférents à la pensée théorique ou pratique. L'opposition n'est pas entre la psychologie des sentiments moraux et le rationalisme moral. Elle est entre les doctrines qui admettent une vérité morale unique, universelle et celles qui, au contraire, admettent des vérités morales spéciales, positives, l'élargissement ou le rétrécissement possible de la certitude morale comme d'une certitude expérimentale. Nous avions, il y a une dizaine d'années,

(1) Voir chap. 1ᵉʳ, p. 41.

par une réaction encore confuse et de forme fâcheu-
sement dialectique contre un rationalisme idéologique, mis trop haut le sentiment proprement dit,
l'humble (1). Cè n'est pas le sentiment, mais l'expérience morale positive qu'il faut opposer aux
idéologies.

Il n'en reste pas moins vrai que le terme de toute
pensée est selon nous une perception immédiate,
que d'autre part chaque science a en quelque sorte
son type de certitude, de lumière, qui lui est propre, que la certitude scientifique est essentiellement
spéciale, non déduite, de sorte qu'elle pourrait se
définir par une double immédiation, intellectuelle
et sensible. En ce sens, la certitude scientifique
peut être rapprochée du sentiment. Le rapprochement a été fait par Pascal. Le géomètre, le savant
acceptent, selon lui, comme des données, et utilisent, sans les approfondir, les notions simples,
telles que celles de l'espace, du temps, *senties par
le cœur.* La philosophie raisonneuse dispute là-des-
sus. Tel est le positivisme chrétien de Pascal, si
profond, pourvu qu'on le détache de ces hallucina-
tions mystiques.

Le problème, ici traité, est comme on voit un
cas particulier d'un problème plus général qui est
celui de la nature même de ce mode de connais-

(1) *Essai sur le fondement métaphysique de la morale,* 1891.

sance qu'on appelle la connaissance scientifique, et de ses relations avec cet autre mode de connaissance qui est la connaissance philosophique.

. Je crois que dans tous les domaines de la pensée humaine une attitude scientifique est possible. Je crois, d'autre part, que seule la science et non pas la philosophie peut unir ou rapprocher de l'unité les esprits comme les volontés, les unir du moins dans l'action et dans la pensée quotidienne et en quelque sorte militante. Car je ne nie pas que la philosophie ne puisse entre des hommes, d'ailleurs divisés sur d'autres points, créer un lien pour ainsi dire mystique. Mais pas plus que la religion, la philosophie n'est désormais le temple où le fidèle vient chercher la vérité totale ; elle est le sanctuaire où à certains jours, à certaines heures, son travail quotidien achevé, il vient méditer et *faire sa retraite.*

L'attitude scientifique doit seulement s'adapter aux diverses formes du réel ou de l'idéal. Je me suis demandé dans un précédent ouvrage comment l'idée de science pouvait s'appliquer à la psychologie. Je me suis demandé ici comment procéderait un savant qui essayerait de se faire une croyance morale en restant fidèle à l'esprit de la méthode scientifique. Le rôle du philosophe est aujourd'hui le même à l'égard du savant et à l'égard du mora-

liste. Il ne découvre, il ne construit pas la morale.
Il la réfléchit. Nous étudierons dans un livre ulté-
rieur la relation de la philosophie et de la science
morale, la fonction propre de la philosophie
morale.

APPENDICE

LA MORALE COMME TECHNIQUE INDEPENDANTE (1)

I. — Sans aller jusqu'à dire que la morale n'existerait
pas, on peut admettre qu'elle serait autre si les hommes
ne formaient entre eux des groupements, des collecti-
vités.

II. — Mais il ne suit pas de là que la réalité morale
soit une donnée objective comme la réalité sensible.
Il faut distinguer la croyance morale commune, que
l'on peut en effet comparer à la réalité sensible, telle
qu'elle se révèle à la perception empirique, de l'idée
morale réfléchie, comparable à l'hypothèse scientifique.
Faire de la morale une science d'observation, c'est en
revenir à une conception empirique abandonnée par les
sciences mêmes de la nature.

III. — L'idée morale réfléchie n'est pas une idée toute
faite que la conscience individuelle impose à la conscience commune à la suite d'une enquête ou d'une
épreuve méthodique dont la pratique révèle les règles.

IV. — La vérité morale est, par suite, relative comme
la vérité scientifique, mais elle est certaine cependant,
de cette certitude *provisoirement absolue* qui est celle
des idées scientifiques expérimentales.

(1) Bulletin de la Société de philosophie (séance du 29 octobre
1903).

On peut contester la comparaison que j'ai établie entre la morale et la science expérimentale, sans que pour cela l'idée même d'une morale expérimentale soit fausse.

Venons tout de suite, quitte à revenir plus tard sur les autres questions, au point capital du débat ; c'est-à dire à la troisième thèse inscrite au programme de notre séance d'aujourd'hui.

Je supposerai, pour simplifier la discussion, que l'homme est un être social, qu'il n'a à résoudre que des problèmes de morale sociale. J'ai posé, à vrai dire, dans mon livre, le problème en termes plus généraux. C'est que, selon la méthode, la conduite humaine reste la même, que l'homme se considère comme un homme en général, comme un être social ou comme un individu. Mais il n'y a aucun inconvénient à limiter la question comme je viens de faire. La question à résoudre est donc celle-ci : quelle doit être, dans une morale sociale, la place respective de la science sociale et de la conscience ? L'observation de la réalité sociale doit-elle se substituer à l'analyse de la conscience ?

J'ignorais, quand j'ai fait mon livre, le livre de M. Lévy-Bruhl, qui a paru en même temps que le mien. Aussi n'ai-je pu y situer ma pensée par rapport à la sienne. Or, je crois qu'en se servant de ces deux livres, en les complétant l'un par l'autre, on pourra se faire une idée à peu près exacte de ce que doit être l'attitude d'une conscience moderne à l'égard de la vie. J'accepte du livre de M. Lévy-Bruhl toute la partie critique, toutes les objections opposées par lui à ce qu'il appelle la « métamorale ». J'admets encore son analyse de la *nature sociale*. Mais je crois que le livre de M. Lévy-Bruhl finit où le mien commence. Il y a, d'après M. Lévy-Bruhl comme d'après M. Durkheim, une nature,

une réalité sociale qui s'oppose à la conscience individuelle. Cela est vrai. Mais M. Lévy-Bruhl n'a pas analysé suffisamment cette réalité. Comme les empiriques
qui confondent sous le nom de réalité les faits et les
hypothèses intellectuelles qui les dépassent, M. Lévy-
Bruhl confond les idées pratiques réfléchies qui informent ou transforment la nature sociale avec cette nature
sociale elle-même.

Sans doute, M. Lévy-Bruhl admet l'existence d'hypothèses sociologiques, mais ces hypothèses sont com-
parables à celle que l'on fait sur la nature des *choses*.
Etant donnés tels renseignements objectifs sur une civilisation, sur ses origines, les institutions où elle s'exprime, nous pourrons énoncer sur l'évolution, sur l'avenir de cette civilisation, une hypothèse qui sera vérifiée
ou non par le fait, comme une hypothèse scientifique.
Selon une telle conception, les critères moraux ne peuvent être que des critères objectifs, tels que le succès
d'une idée sociale ou une certaine moyenne d'opinion.
Mais l'idée morale réfléchie qui se superpose à la nature
sociale n'est pas comparable à l'hypothèse scientifique.
C'est une hypothèse *pratique*, une idée *active* et non
contemplative.

Je suppose qu'une homme se demande, par exemple :
que dois-je penser du droit de propriété ? Je crois, avec
M. Lévy-Bruhl, que cet homme doit analyser les conditions respectives des prolétaires et des capitalistes dans
l'état économique actuel, les croyances des uns et des
autres sur la justice de ces conditions, etc., rechercher
l'origine de ces conditions et de ces croyances dans la
mesure où cela lui paraîtra nécessaire pour en déterminer la forme actuelle. Mais ces recherches,, ces constatations ne constituent pas des affirmations morales.

De deux hommes également bien informés, l'un dira :
cet ordre est juste, l'autre dira : cet ordre est injuste.
Et il arrivera que celui-ci le dise avant que l'opinion
soit avec lui. Bien loin d'être déterminé par la réalité
sociale, c'est lui, individu conscient, qui pour sa part,
commence et crée cette réalité. A supposer qu'à un même
savoir corresponde une même conscience, le savoir ne
serait cependant qu'une condition nécessaire, non suffisante de cette conscience. Se placer comme il convient
pour bien voir au tableau, ce n'est pas l'admirer, à
supposer même qu'une fois ainsi placé, on ne puisse
que l'admirer. Se mettre dans les conditions d'une
expérience et la faire, ce sont deux opérations distinctes.
Le devoir de l'homme est de s'éclairer, mais il faut
toujours qu'il consulte en définitive sa conscience qui,
une fois bien informée, décide en dernier ressort.

Mais comment déterminer l'idée morale ou socialement morale qui jaillit d'une conscience individuelle ?
Si on ne peut l'assimiler à la réalité, qu'elle modifie,
à laquelle elle s'oppose parfois, on ne peut davantage
prétendre, comme Kant, l'immobiliser, la fixer pour
l'éternité. La plus simple observation nous apprend
que cette idée évolue, se modifie au contact des hommes
et des choses sans cesser pour cela d'être morale. On
ne peut davantage la confondre avec un sentiment,
une aspiration capricieuse. Nous voulons que cette idée
soit rationnelle. Que nous reste-t-il, sinon de la concevoir à la manière de ces idées expérimentales qu'utilisent les sciences de la nature, d'une certitude mobile
et provisoire, absolue cependant dans les limites d'un
certain temps et d'un certain espace, qui ont une histoire et en quelque sorte une vie? Il faut donc voir
l'idée morale à l'œuvre, la plonger au milieu des

choses, faire la psychologie de la croyance morale
agissante. De cette psychologie se dégageront sans doute
quelques règles pratiques. C'est ainsi que la méthode
de la physique s'apprend au laboratoire, en y travail-
lant, en y voyant travailler. M. Darlu a cité quelques-
unes, les plus vagues, des règles que j'ai cru dégager
par cette méthode. Si mes auditeurs veulent bien se
reporter à mon livre, ils en trouveront de plus précises
dans les chapitres, par exemple, sur le rôle de la logique
en morale ou sur la formule de vie. Je crois que ces
règles ont un rapport lointain avec l'expérience de
Mentor. Je reconnais d'ailleurs qu'on en pourrait trouver
d'autres. Mais la question n'est pas là. Que l'on juge
ma méthode, non la façon insuffisante dont j'ai pu
l'appliquer.

L'objection principale à cette méthode vient des
métaphysiciens. Je n'aboutis pas à une certitude universelle, c'est-à-dire que je ne relie pas les vérités morales
au système de vérités rationnelles qui, d'après eux,
embrassent l'univers et le monde, telle que l'idée Kantienne de nécessité, le moi pur, etc.

Je demanderai d'abord à mes adversaires si de cette
vaste synthèse, ils peuvent présenter un exemple, un
essai qui soit viable. La métaphysique a fini par devenir
pour quelques-uns un *pium votum* ; ils soupirent vers
un système qu'ils appellent de tout leur cœur, et qui
ne vient jamais. Mais considérons l'objection en elle-
même. Elle implique une idée désormais indéfendable
de l'universalité : la vérité universelle est comme un
soleil central auquel chacun doit allumer son flambeau.
Cette conception a deux formes, la forme logique,
scolastique : les vérités particulières sont incluses dans

une vérité universelle — la forme cartésienne : le principe premier n'est pas comme une proposition générale qui enferme les particulières; il est lui-même une vérité particulière — *essentia particularis affirmativa* — D'où les autres vérités dépendent *more geometrico*. Or l'esprit scientifique moderne s'oppose à l'une et à l'autre de ces conceptions. La caractéristique de la science moderne, c'est la division du travail scientifique, par suite, la conception du savant. S'il y a solidarité des diverses sciences, cette solidarité se découvre après coup; l'unité se fait entre elles par une sorte de raccord entre les sciences spéciales. L'internationalisme moderne ce n'est pas l'absorption des nations dans une République universelle (conception scolastique), ni dans une nation souveraine (conception cartésienne, révolutionnaire), c'est la fédération des nations individuellement souveraines. Les notions communes aux diverses sciences sont de même conçues aujourd'hui comme *interfédérales*.

Cette idée fausse de l'universalité a pour origine une psychologie fausse de la certitude. La certitude est un état de conscience intérieur irrésistible, caractère indépendant de son extension. L'affirmation de la présence de ce livre est aussi certaine que celle du principe de causalité. Pour se mettre dans l'attitude que je viens de dire, il faut donc se délivrer avant tout du préjugé de l'universel, de l'éternel. Toute conscience qui garde la nostalgie des vieilles philosophies, ne compte pas comme autorité morale. Un grand nombre des difficultés que les métaphysiciens soulèvent, tiennent à ce qu'ils s'obstinent à tourner autour de la vie au lieu de se placer à son centre. Au lieu d'approfondir leur conscience, la conscience de leur temps, pour savoir s'ils sont démocrates, ils déduisent la démocratie de la nature, de la raison humaine en général.

Mais une conception morale *relativiste* n'aboutit pas nécessairement comme paraît le croire M. Darbu, à un individualisme absolu. Je prétends que si nous appliquons en toute modestie et sincérité la méthode expérimentale dont j'ai voulu donner l'idée et qu'en fait nous appliquons tous (mais il est si difficile de prendre conscience de ce qu'on fait et de ce qu'on est), nous arriverions plus souvent qu'on ne pense, à un accord positif et réel. C'est pourquoi, si j'admets différents types moraux, je ne les crois légitimes que dans certaines conditions et sous certaines réserves que j'ai indiquées. Un révolutionnaire n'a le droit de l'être que s'il est intelligent. Je ne sais si, Russe, j'aurais agi comme Kropotkine; je ne connais pas assez les questions russes et ma méthode implique qu'un idéal doit être *éprouvé* dans le milieu où il prétend se réaliser. Mais les Mémoires de Kropotkine prouvent qu'il n'est pas un impulsif, qu'il comprend d'autres attitudes que la sienne. Sans accepter les solutions des socialistes marxistes, des coopérateurs, parce que sans doute ils ne descendent pas, selon lui, jusqu'au fond de leur conscience, il reconnaît leur rôle dans l'évolution. Avec un tel révolutionnaire on peut discuter, et la discussion peut amener une entente, au moins sur certains points, ou des concessions réciproques. Il y a donc dans toute conviction, un élément communicable, un élément d'universalité. Un tempérament qui n'est que lui-même ne compte pas au point de vue moral. Mais cependant, une croyance, une décision sont influencées par ma nature, mon origine, ma condition, ma fonction sociale. Cela est inévitable. Vivant en société, je chercherai donc avec les tempéraments différents du mien un accord, un compromis, un équilibre. S'ils s'opposent irréductiblement, ce sera la lutte, la guerre. Les principes transcendants ne l'éviteront pas. Au reste quand ma certitude ne vaudrait que pour moi, elle n'en serait pas moins solide; je ne la défendrais pas avec une moindre énergie. Ma conscience doit chercher l'accord avec les autres consciences : c'est son mouvement naturel et légitime. Mais en définitive, elle est à elle-même son dernier juge.

M. Darlu m'a reproché encore de n'avoir pas fait au devoir une place assez importante. Je ne crois pas en effet et je me suis expliqué sur ce point, que le sentiment d'obligation doive être spécialement étudié dans cette partie de la morale qui a pour objet la détermination de l'idéal moral, de la vérité morale. Je distingue sous le nom de morale objective cette dernière étude de celle qui a pour objet l'*agent* moral; c'est-à-dire les croyances de l'homme sur la nature de son activité morale, sur la liberté, le devoir, etc... On peut, je crois, étudier ces notions par une méthode positive analogue à celle que j'ai appliquée à la morale objective. Mais ces questions n'intéressent pas plus la vérité morale que la vérité physique. L'étude du devoir pourra prendre place aussi dans ce que j'appelle la *philosophie morale*. Voici ce que j'entends par là. Le problème moral résolu, un autre problème reste à résoudre : peut-on dégager des croyances morales spéciales aux différentes civilisations, aux différents individus des formes générales, ou même des formes nécessaires, c'est-à-dire qui résistent à tout effort de l'imagination la plus souple, la plus informée lorsqu'elle tente de les dissoudre? C'est la question des limites de l'imagination morale, en

termes d'Ecole, de l'*a priori moral*. On retrouverait ici
les questions classiques concernant les relations entre
le bonheur et la moralité, la morale et la science, etc.
De même, quand une fois on a fait la science, il s'agit
de savoir quels sont les concepts communs à toutes les
sciences et aussi les concepts nécessaire, ceux qui résistent à l'imagination intellectuelle, et cette étude n'est
possible que si l'on a pris contact avec la science. La
réalité scientifique limitant l'imagination, reste-t-il une
place à l'imagination pure, à un pouvoir autonome de
la pensée? Il faut éprouver l'imagination intellectuelle
dans toute son étendue — l'imagination théorique et
l'imagination pratique — pour savoir si, en définitive,
certains concepts *a priori* résistent à cette épreuve.

L'étude des limites de l'imagination morale, c'est-
à-dire de l'imagination intellectuelle pratique, constitue la partie positive de la philosophie morale (la
partie négative de cette philosophie consistant dans la
critique des systèmes). C'est dans cette partie positive
de la philosophie morale que j'introduirais l'étude
philosophique, non plus positive, de la notion du
devoir. Si on élimine tout ce qu'il entre de social dans
cette notion, il est possible que l'étude de la nature
psychologique de l'homme nous révèle cependant une
certaine relation psychologique nécessaire à laquelle on
pourrait donner le nom de sentiment du devoir.

J'en viens aux objections développées tout d'abord
par M. Darlu. Mon livre, dit-il, est une psychologie de
la croyance, c'est aussi une logique : de là indécision
et confusion. Non, mon livre est bien une psychologie,
mais il y a deux sortes de psychologie : une psychologie
du fait et une psychologie de l'idéal. Une méthodologie,
c'est une psychologie de l'idéal, la psychologie de

l'homme raisonnable à la recherche d'une vérité. Cela suppose naturellement qu'il y a différentes espèces de vérités, que la méthode varie avec chacune d'elles, qu'il n'y a pas une façon unique d'être raisonnable. Une méthodologie scientifique c'est, en somme, la psychologie d'un savant — telle est l'idée de M. Le Roy. Une méthodologie morale, c'est la psychologie de l'homme intelligent, libéré de toute théorie, à la recherche d'une règle de vie.

M. Darlu juge artificiel le rapprochement que j'ai établi entre la science et la morale. Il n'a peut-être pas remarqué que je les rapproche dans leur forme, non dans leur contenu, au point de vue des attitudes de pensée qu'elles supposent l'une et l'autre. Je crois (telle était aussi l'idée de mon livre sur la *Méthode dans la psychologie des sentiments*) que sur toutes les questions il y a une attitude scientifique possible. Mais cet état d'esprit identique n'implique en aucune façon l'identité des résultats ni même des méthodes — si l'on prend ce mot dans son sens strict. L'honnête homme, comme le savant, admet l'existence de vérités spéciales qui se révèlent par elles-mêmes sans qu'il soit besoin d'en chercher les fondement. L'un et l'autre conçoivent la vérité non point comme un soleil unique qui répand partout ses rayons, mais comme une suite de lueurs discontinues que l'on aperçoit successivement et que l'on peut seulement joindre après coup et imparfaitement les unes aux autres. De plus, le savant et l'honnête homme aboutissent également à une *expérience*: Ils prennent sans doute pour point de départ une certaine réalité, l'un la nature physique, l'autre la perception morale commune. Mais pas plus l'un que l'autre, ils ne se bornent à observer la nature

telle qu'elle est donnée. Ils cherchent dans la nature
les combinaisons qui se prêtent à leurs idées. Ils véri-
fient leurs systèmes par des *expériences*. La science
n'est pas empirique. Elle n'est même pas, comme le
pensait Auguste Comte, une suite régulière, une linéaire
d'hypothèses vérifiées, de sorte que la nature tout
entière, sensible et intelligible, se déroulerait comme
un spectacle uniforme. Mais il la faut concevoir comme
une suite de tentatives qui successivement réussissent
et échouent, comme une vie qui évolue, avec tous les
tours, les retours et les détours de la vie. Je renvoie
sur ce point aux travaux de tous les savants qui ont
vraiment réfléchi sur la science, aux travaux de
MM. Poincaré, Bouasse, Duhem, Milhaud, Le Roy,
Perrin, etc. Si l'on entend ainsi la science, le rapprochement de l'activité scientifique et de l'activité morale
paraîtra moins singulier. Mais ainsi que je le disais au
début, ce rapprochement fait si peu partie intégrante
de ma conception de la morale, que j'y suis venu après
avoir déjà commencé mes études sur ces questions. La
méthodologie que j'ai publiée est en réalité extraite
d'études morales spéciales auxquelles je travaille depuis
plusieurs années et en donne par avance la formule.

« Son attitude en morale ayant été comparée à celle de
Kant, Rauh explique. »

J'ai bien en effet l'intention de *moderniser* Kant.
Que reste-t-il du kantisme en présence du développement de la sociologie et de la science moderne ? Telle
est la question que je me suis posée. J'ai essayé *d'assouplir* le kantisme. Mais on voit par là à quel point la
conception que j'ai exposée diffère de celle de Kant.
Kant a eu sans doute l'idée d'une métaphysique des
mœurs distincte d'une métaphysique de la nature et

de la métaphysique ontologique. Mais il prétend saisir dans la conscience humaine certaines notions morales éternelles d'où l'on peut déduire les préceptes moraux spéciaux. Le problème du droit de propriété, le problème du suicide doit être résolu, d'après lui, par la formule globale de la loi morale inscrite dans la conscience éternellement.

J'admets, au contraire, l'idée d'une certitude morale expérimentale où l'esprit se fixe, à vrai dire, mais provisoirement, d'une certitude relative par conséquent et provisoirement absolue.

COMMENT LA MORALE EST A LA FOIS
EXPERIMENTALE ET RATIONNELLE

Il y a un élément d'universalité en toute affirmation,
en toute sensation même. Une sensation est en rapport
avec d'autres sensations et se contrôle par elles. Mais
je reproche à M. Halévy comme à quelques-uns de mes
amis de parler sans cesse de la Raison en général, de
l'Universalité, sans autre précision, et de ne pas comp-
prendre qu'il y a une conception de la vérité moins
élémentaire, moins scolaire en quelque sorte, une conception de la raison expérimentale. Dès qu'on ne s'élève
pas tout d'un coup aux principes les plus abstraits et
les plus généraux, on est traité de sentimental. Mais
entre le sentiment d'une part, et cette raison globale
qui fournit à tous les problèmes une solution unique
et facile, il y a une raison expérimentale dont les
études spéciales vous révèlent la nature, quand on
veut bien cesser d'être métaphysicien... Encore une fois,
je suis convaincu que tout homme qui pense décou-
vrira un système dans les idées morales communes,
mais la question reste de savoir s'il faut pour ce système en bloc, une fois pour toutes, l'étendre arbitrairement en vertu de je ne sais quel droit à être dont
jouiraient les idées comme telles, ou si l'on peut au
contraire par une méthode, à définir, en étendre ou
en limiter l'usage. Je suppose qu'une conscience sincère découvre en elle une aspiration démocratique.
L'acceptera-t-elle telle qu'elle, d'emblée, dans toute son

universalité ? Je ne pense pas qu'elle en ait le droit. Après avoir posé cette croyance comme une hypothèse pratique, elle l'éprouvera successivement dans tous les domaines intellectuel, politique, économique, etc., où elle veut la réaliser. Si, à la suite de cette enquête dont j'ai essayé de donner l'idée et de déterminer la méthode, la croyance démocratique est déclarée valable, je pourrai lui attribuer cette universalité que je lui avais d'abord seulement supposée. Je ne vois pas si l'on admet ce qu'on peut appeler l'autonomie des idées, quelles raisons il y a d'en limiter l'expansion. Le métaphysicien sera, dans ce cas, entraîné à cet universalisme brutal que l'on a tant reproché à la foule. Si l'on admet une certaine socialisation, pourquoi ne pas tout mettre en commun, patries, biens, femmes, etc. ?

MORALE ET SOCIOLOGIE; LES DEVOIRS
EXTRA-SOCIAUX

1° Je crois à l'existence de réalités et de consciences collectives. Je crois aussi qu'il est essentiel au point de vue pédagogique et social d'enseigner une morale collective. Mais il me paraît certain que de tout temps, que de nos jours surtout, l'homme a conçu d'autres obligations que les obligations sociales, des devoirs envers la vérité, la beauté, envers l'idéal même qu'il se fait de son individualité, des devoirs tout individuels. Ce sont là pour l'homme des valeurs incommensurables comme les valeurs socialement morales. On ne peut que le constater. Ces sentiments moraux — impersonnels ou individuels — ne seraient peut-être pas nés si l'homme n'avait vécu en société. Bien plus, ils sont sans doute sous leur forme parfaite fonction d'une civilisation très avancée. Mais la condition et la date de leur apparition n'en change pas la nature. L'homme qui les conçoit se sent ici lié à des réalités — le mot est pris à dessein en un sens très vague — extra-sociales. A vrai dire ceux qui ont ce genre de vocation morale sont des êtres d'exception et il faut qu'ils le restent. Mais il importe que la masse comprenne que de telles attitudes sont possibles, et les respecte. Il importe aussi qu'elle sente qu'un sentiment la rapproche de ces consciences en un sens exceptionnelles : à savoir l'égale

(1) Société française de Philosophie. (11 février 1906).

reconnaissance de l'existence de valeurs incommensurables. J'ajoute que tous les hommes reconnaissent sous une forme grossière mais très vraie, un de ces devoirs extra-sociaux, le devoir envers la vérité, quand ils proclament l'indignité de l'homme qui a renoncé à son privilège d'être raisonnable. Un enfant même éprouve un sentiment de honte quand il a été colère, il sent avoir agi comme une bête. Je ne vois aucune raison pour ne pas faire appel à ce sentiment comme tel; il coexiste avec le sentiment proprement collectif et peut être cultivé en même temps. J'ajoute enfin que les hommes exceptionnels dont le devoir essentiel est la culture de la science ou de l'art, ou même de leur type individuel ne méconnaîtront pas, sans doute, s'ils sont sincères et sauf peut-être dans les moments où la société se dissout, le devoir social. Mais la société leur apparaît, même dans ce cas, comme un moyen pour un but supérieur, ou comme une *limite* aux devoirs extra-sociaux, non comme une *fin en soi*.

2° Quel que soit le contenu du devoir, en aucun cas il n'est seulement une donnée de la réalité, de quelque façon qu'on la conçoive. Si je prends comme exemple le devoir social, il ne nous est en définitive donné ni dans la réalité actuelle ni dans la réalité en germe, ni même dans la conscience spontanée. Cette réalité, cette conscience sont les éléments d'où une certaine conscience éprouvée et informée le dégage. Il faut compléter le savoir sociologique par d'autres connaissances, par une certaine phychologie des consciences, par une technique spéciale fondée sur cette psychologie. Cette technique est d'ailleurs la même pour l'action sociale et pour l'action en général. J'en donnerai des exemples à la réunion prochaine de la *Société*. Je ne postule pour l'établissement d'une technique morale que deux choses:

c'est d'abord qu'on se dégage de tout préjugés métaphysique et religieux. Je demande aussi qu'on accorde
qu'une psychologie de la croyance dite rationnelle doit
commencer par l'analyse de ma propre conscience
quand elle se décerne ce titre et par l'étude du groupe
à qui je reconnais cette qualité.

3° Je terminerai par quelques vues méthodologiques.
Il faut prendre garde à ne pas définir d'une façon trop
étroite les caractéristiques du fait moral. Si je compare
le présent et le passé je ne constate guère pour moi
comme caractéristique commune des faits moraux que
la reconnaissance par l'homme de valeurs incommensurables. Et la vraie méthode pour établir ces caractéristiques est de partir du présent, de voir après coup
ce qu'il y a de commun entre le passé et le présent,
au lieu d'imposer au présent certaines formes trop
déterminées du passé. Il est bien difficile de dire *a
priori* à quelles conditions une morale est possible,
comme de dire à quelles conditions une société est
viable. Ces conditions existent sans doute, mais elles
apparaissent comme tellement générales — au moins
dans l'état actuel de nos connaissances — qu'elles laissent place à un très grand nombre de solutions particulières. Toutes les morales, les préceptes moraux et
religieux ont en commun l'idée de valeur incommensurable, mais on ne saurait dire d'avance quelle sera la
forme de cette valeur. Il entre en toute morale l'idée
d'un bien social, mais quel sera ce bien social? Peut-on
même dire que la morale a pour objet unique le bien
social? Est-ce là le cas pour toutes les consciences, en
particulier pour certaines consciences d'élite quand la
société se dissout? La conscience commune elle-même
ne se reconnaît-elle pas, comme j'ai dit plus haut, des
devoirs extra-sociaux? Il entre encore en toute morale

l'idée d'une relation avec le Kosmos — mais sous quelle forme se présente ce lien ?

C'est encore ce qu'on ne peut prévoir. Je procède ici par observations, par inductions limitées, sans quoi je risque toujours d'imposer à l'évolution des bornes factices. L'observation m'apprend l'existence actuelle de certaines formes nouvelles de valeurs incommensurables. Je ne les nie pas au non de certaines lois prétendues nécessaires de la moralité. Je n'essaie pas non plus de les ramener à une seule formule : ce qui risque de gêner mon observation, étant données notre ignorance et la complexité des choses.

LES VALEURS EN MORALE : SOCIALES
OU EXTRA-SOCIALES (1)

J'accepte la définition donnée par M. Durkheim des
valeurs morales : ce sont des valeurs humainement
incommensurables. Je me suis moi-même servi de cette
formule dans les cours que j'ai faits et dans le livre que
j'ai écrit sur ce sujet. La question est de savoir si toute
valeur morale incommensurable est nécessairement
sociale.

Je dirai d'abord qu'au point de vue scientifique
comme au point de vue pédagogique, ç'a été une œuvre
essentielle de montrer qu'en fait dans l'histoire, les
hommes ont toujours attribué une valeur incommensurable aux choses sociales. Je n'insiste pas sur la valeur
scientifique de cette conception. Tout le monde en est
ici convaincu et il suffit de pratiquer l'*Année sociologique* pour en voir toute la portée.

Mais cette idée a eu aussi, elle doit avoir, une influence
de plus en plus grande dans l'enseignement. On ensei-
gnait, il y a une vingtaine d'années, dans l'enseignement secondaire, à peu près exclusivement. la morale
privée, ou même la morale de la sagesse, au sens
antique, une sorte d'hygiène psychologique à l'usage
du penseur, de l'intellectuel, du méditatif. On ne par-
lait pour ainsi dire pas de la famille, de l'Etat; et si
quelque maître venait à aborder ces problèmes, si dis-
crètement que ce fut, il passait pour un exprit d'ordre

____

(1) Société française de Philosophie (22 mars 1906).

inférieur. Dans des écoles préparatoires à l'enseignement primaire laïque, ce qui est plus grave, des idées analogues ont prédominé. On a prêché, avant tout, la morale de la vie intérieure, du salut par la pureté ou même la méditation. Et peut-être était-ce là une étape nécessaire dans l'émancipation des consciences. Mais, cette étape est désormais franchie. Nous nous sommes aperçus qu'il est en vérité étrange d'élever la moyenne des hommes comme s'ils devaient pratiquer une vertu *monacale* ou philosophique, de méconnaître que pour la plupart nous devons vivre hors de nous, d'une vie collective, pratiquer une morale collective. Il faut donc enseigner avant tout à l'école les devoirs proprement sociaux, enseigner la morale privée au point de vue des relations qu'elle soutient avec la première, mettre l'accent sur ce qu'il y a de social dans la morale. Mais quelle que soit la valeur scientifique et pédagogique de la morale sociologique, n'appelle-t-elle pas des limitations et des réserves à l'un et à l'autre point de vue? Au point de vue scientifique d'abord. A ce point de vue il faut successivement examiner les consciences et les réalités collectives plus profondes, ou plus précisément, les représentations collectives inconscientes que les consciencees n'expriment parfois que superficiellement. Or si j'examine d'abord les consciences, je constate qu'en fait certaines d'entre elles reconnaissent des valeurs incommensurables qui ne sont pas sociales. Pour le savant qui vit dans son laboratoire, pour l'artiste qui vit dans son atelier, la société n'apparaît pas comme une *fin en soi*, mais tout au plus comme *une limite* qui s'impose dans certains cas, dans des crises sociales particulièrement graves par exemple, ou pour éviter le danger du dilettantisme, à la pratique des devoirs intellectuels. Le vrai devoir pour le savant c'est de s'adapter au réel, pour l'artiste probe, d'exprimer aussi parfaitement que possible son tempérament ou tel ou tel aspect du réel réfracté à travers son tempérament. Ni l'un ni l'autre ne s'occupent des conséquences pratiques possibles de leurs idées. Or, ces devoirs tout intérieurs, sont de véritables impératifs catégoriques; je retrouve en eux les caractères attribués par M. Durkheim aux impératifs sociaux. Fait-on du sacrifice le signe du devoir? Il est facile de constater qu'en fait l'artiste, le savant probe se sacrifient à leur idéal. Donne-t-on pour caractéristique de l'impératif sa relations avec un idéal objectif? L'idéal scientifique, artistique, est conçu comme une réalité extérieure supérieure à l'artiste qui le domine, qui le tyranise parfois, et toute la vie. Il y a même des devoirs d'homme à homme, des devoirs *humains* (devoirs de justice, de pitié) que la conscience considère comme extra-sociaux; il y a des devoirs *individuels* de l'individu à l'égard de lui-même (honneur, dignité personnelle) et des devoirs qui lient directement l'individu à l'individu, comme tel et non comme membre de la collectivité (amitié, amour). Dans tous ces cas, la conscience admet des obligations extra-sociales, qui peuvent sans doute être déterminées et modifiées par la vie collective, mais pour lesquelles la vie collective n'est qu'un milieu d'action, un point de départ, une base.

Mais n'y a-t-il pas là une simple illusion de conscience? Les devoirs qui, en apparence semblent extra-sociaux, ne sont-ils pas fonction de la réalité sociale, et une observation vraiment scientifique ne découvrirait-elle pas entre eux et la vie collective des relations étroites?

Pour faire cette démonstration, il y aurait deux procédés possibles :

1° Ou bien il faudrait montrer que ces devoirs sont fonction des devoirs sociaux ordinaires, que la conception que l'on s'en est faite a varié suivant les idées courantes sur la propriété, sur l'Etat, le respect de la vie, etc...

2° Ou bien il faudrait montrer que tous ces devoirs, parce qu'ils manifestent un même besoin collectif, se transforment simultanément que, par exemple, il y a un type de devoirs intellectuels bien défini, caractéristique d'un moment historique donné et que ces devoirs expriment la même tendance sociale profonde que les devoirs sociaux de la même époque. C'est ainsi que, d'après Auguste Comte, ce n'est pas par hasard que la découverte de Newton est venue au moment où germaient les idées d'émancipation politique et sociale. De même on montrerait avec lui l'affinité du catholicisme, du militarisme et de l'esprit monarchique, etc.

Pour ma part, je serais très heureux qu'on tentât des démonstrations de ce genre ; on pourrait établir, par exemple, que certains des devoirs extra-sociaux sont conçus ou affirmés avec une particulière énergie quand les sociétés entrent en dissolution. Il est frappant que Platon et Aristote aient mis si haut les vertus contemplatives dans le moment même où la cité grecque était en voie de dissolution. De même, ce devoir d'amitié, sur lequel les Stoïciens et les Epicuriens ont tant insisté, est moins peut-être une survivance d'anciennes institutions grecques (comme M. Durkheim l'indiquait tout à l'heure) que le signe d'un temps où les citoyens n'avaient plus d'autres liens, après la ruine de la cité.

Mais, quand bien même cette démonstration serait faite, cela ne modifierait en rien mes conclusions. Cela prouverait que c'est sous l'action de causes sociales que l'homme a dégagé la notion de devoirs extra-sociaux,

que ces devoirs dépendent dans une certaine mesure de
l'état social ambiant, cela n'en changerait pas la nature:
la société est *le milieu* où ces devoirs prennent naissance ; elle n'en est pas l'objet. Il faut distinguer l'idée
et ses conditions d'apparition. C'est ainsi que les idées
scientifiques ne naissent pas sans doute au hasard, à un
moment quelconque ; elles ont la marque de leur
temps ; nous admettons cependant avec raison qu'elles
expriment et expliquent dans une certaine mesure une
réalité objective tout à fait indépendante du milieu
social où elles ont surgi. Certains devoirs semblent de
même exprimer non seulement les relations qui lient
l'homme avec l'homme en dehors de la société, mais
même des relations de l'homme avec l'objectivité : ce
sont des devoirs impersonnels encore les devoirs de
chacun envers son « génie ». On pourrait dire qu'il reste
dans la morale de son alliance étroite avec la religion
quelque chose de plus que son caractère social : la
religion n'a pas été seulement l'expression mystique
d'un lien social. Elle exprime aussi l'idée de notre
relation avec le Kosmos indépendamment de la société;
cette idée transposée, laïcisée, doit subsister; et de l'idée
de ces relations de l'homme avec ce qu'on peut appeler
l'objectivité (1) naissent certaines obligations extra-
sociales.

De ce qui précède suit une conséquence philosophique plus générale; c'est qu'il y a une autre façon que
la sociologie de systématiser les devoirs. On peut prétendre que l'on trouve présente en l'affirmation des
devoirs sociaux comme des devoirs impersonnels, une
fonction commune qui est la *fonction de voir clair;*

____

(1) Je me souviens avoir entendu M. Lachelier définir le mensonge ; un crime contre l'objectivité.

fonction qui est la même qu'il s'agisse de discerner des faits ou des valeurs incommensurables. Ce n'est là sans doute qu'une forme indéterminée. La raison qui nous fait découvrir nos devoirs est une raison expérimentale, procédant par une technique spéciale, qu'on ne connaît qu'à l'user. Mais il est intéressant de signaler cette fonction ou cette *constante* commune qui unit toutes les pensées humaines.

Au point de vue pratique, pédagogique, nous conclurons que, s'il faut dans l'enseignement de la morale mettre l'accent sur les devoirs sociaux (et je me suis suffisamment expliqué sur ce point), il ne faut pas taire les autres et surtout les devoirs envers la vérité comme telle. Il faut d'abord donner à l'enfant le respect si nécessaire dans une démocratie de la science désintéressée, le sentiment que la République a besoin non seulement de chimistes, mais de purs mathématiciens, de penseurs, de prêtres. Il faut dire aussi qu'il y a pour tous un devoir d'hygiène intellectuelle, et justifier ainsi les vertus privées comme un moyen de maintenir intacte en soi la raison. Quel inconvénient y a-t-il d'associer au principe de la solidarité sociale cet autre principe que l'homme n'est pas une bête et qu'il a comme être raisonnable, des devoirs? Un pédagogue allemand, Groos, citait cette définition de la raison par un enfant : « La raison c'est quand on a couru, qu'on a soif, et qu'on ne boit pas... » Voilà le devoir intellectuel.

L'enseignement de ces devoirs est d'autant plus nécessaire qu'un conflit peut se présenter à la conscience de tous entre ces devoirs et les devoirs sociaux, en France particulièrement, et que tous doivent prendre part dans ce conflit sinon de la même façon, au moins en connaissance de cause. N'y a-t-il pas des croyances ou des opinions théoriquement fausses et moralement

nécessaires à l'individu ou à la société? N'y a-t-il pas
des cas où il convient de ne pas dire toute la vérité ou
même de se voiler à soi-même la vérité des choses; la
vérité *cosmique* dans l'intérêt du *salut?*

Je crois que plus d'un Anglo-Saxon, plus d'un Allemand, répondrait affirmativement. Je lisais, il y a
quelques années, dans l'*International Journal of Ethics*
l'article d'un clergyman qui posait la question suivante:
Peut-on entrer dans l'Eglise anglicane, et jurer que
l'on adhère au fourmulaire de la foi, quoique l'on
n'accepte pas ce formulaire? L'auteur répondait que
oui, qu'on pouvait ainsi être utile aux humbles sans les
troubler. Une telle attitude serait difficilement admise
en France, où nous exigeons que les croyances sociales
se fondent sur une philosophie vraie. Cette exigence
est peut-être un danger social. Peut-être aussi est-ce
une gloire pour un pays de courir ce risque, de ne
vouloir pas se sauver par un mensonge intérieur ou
extérieur, d'exiger toujours et en tout la pleine lumière.
Je crois, pour mon compte, que l'harmonie de nos
croyances, spéculatives et pratiques, de celles-ci et de
nos actes sera de plus en plus impérieusement exigé par
la conscience commune. Mais je ne discute pas la question. Quoi qu'il en soit, le conflit des nécessités sociales
et morales avec les préoccupations scientifiques logiques,
philosophiques est en quelque sorte endémique dans
notre pays. De quelque façon que le conflit se résolve,
il faut préparer les hommes à le voir en face, et ce
n'est pas dans un tel pays que l'on peut laisser dans
l'ombre un des aspects du devoir, ou réduire à l'unité
une dualité vivante.

...Je ne nie pas la possibilité d'une explication sociologique des devoirs. Mais cette explication n'est d'abord
selon moi, qu'une hypothèse dont — sans pouvoir les

préciser exactement dans l'état actuel de nos connais·
sances — nous apercevons déjà les limites. Les idées de
l'homme sur ses relations avec l'univers, l'idée qu'il
s'est faite de ses devoirs en raison de ces relations, ses
conceptions religieuses ou philosophiques ont certainement agi sur les constitutions sociales, autant que celles-
ci sur celles-là. Il y a des types de doctrines, des vues
sur la vie, que l'on retrouve à toutes les époques civilisées, qui passent d'un pays à un autre, un type stoïque,
un type épicurien, un type chrétien. Il y a peut-être une
évolution interne de ces types, une histoire possible
des idées morales, comme telles, comme des idées
scientifiques ou philosophiques. On peut dès lors se
demander s'il n'existe pas dans la morale un élément
proprement humain, si une partie de la morale ne serait
pas aussi peu *sociale* que la psychologie ou la physiologie; ce serait celle qui a pour objet d'établir une certaine hiérarchie des fonctions psychiques, et de poser
des principes de conduite conformes à cette hiérarchie :
celui-ci par exemple que la maîtrise de ses passions
vaut mieux que l'abandon au plaisir. Nous ne pouvons
certes, dans l'état actuel de nos connaissances, distinguer exactement dans les faits moraux ce qui est uniquement fonction d'une société donnée, ce qui tout en
étant plus ou moins en germe dans l'humanité ne se
développe que dans certaines conditions sociales, ce qui
en étant commun à toutes les sociétés est peut-être une
condition générale de stabilité sociale, ce qui, par opposition à tout cela, semble vraiment psychologique,
humain, indépendant de la réalité sociale. Mais il faut
savoir que ces problèmes existent, qu'on n'en peut
donner encore aucune solution globale, qu'à peine peut-
on encore bien apercevoir les termes dans lesquels ils
se posent. Au reste quand la solution sociologique serait

dès à présent établie, un devoir, dont on a montré la
genèse, n'en existe pas moins pour la conscience; il
existe aussi, indépendamment de la conscience *réellement*. Car une fois conçu, ce devoir fait partie de notre
vie sociale et individuelle. Les devoirs extra-sociaux sont
donc, de toute façon, *réels*.

...Tout dépend de la définition du mot réel. Si l'on
prétend signifier par ce mot que la réalité sociale doit
régler exclusivement la conduite, je dirai d'abord que
la réalité sociale n'est pas toute la réalité morale, je
dirai de plus que ma conscience n'a pas à s'incliner
nécessairement devant une réalité. En somme la thèse
de M. Durkheim est que notre action pratique doit se
régler sur la connaissance d'une réalité morale, indépendante de la conscience comme la nature physique
l'est de la connaissance. Cette conception se trouve en
effet à peu près réalisée à certains moments historiques,
quand il y a comme une poussée de la conscience collective, quand toutes les consciences vont dans le même
sens, à ces époques en un mot que Saint-Simon appelait les « époques organiques ». Dans ces cas la réalité
sociale est comme une chose en face de la raison individuelle qui la contemple et en subit l'impulsion. Mais,
même dans ce cas, entre cette conscience collective
que la conscience individuelle semble seulement subir
et l'action individuelle, s'intercale un consentement en
quelque sorte infinitésimal de la conscience individuelle. Ce consentement apparaît clairement dans le
cas des problèmes moraux sur lesquels l'opinion n'est
pas encore unanime. Il y a alors une opposition de la
conscience individuelle et de la conscience collective,
et la conscience individuelle peut annoncer la conscience
collective future. Au reste, la conscience collective, elle-
même ne serait pas juge de la vérité morale, d'après

M. Durkheim ; elle devra, dans l'avenir, se soumettre à la réalité morale inconsciente, scientifiquement étudiée. Or il y aura, semble-t-il, toujours des moments où les foules écouteront, auront raison d'écouter, leur conscience. Il est d'une psychologie utopique d'imaginer que l'homme se bornera jamais à modeler son action sur la connaissance qu'il a des choses sans tenir compte de ce *sentiment que quelque chose est à faire.* Ma conclusion est qu'à la méthodologie morale sociologique il faut superposer une critique, une méthodologie de la conscience agissante, du sentiment, de l'action.

LA TECHNIQUE MORALE ET LA CONNAISSANCE SOCIOLOGIQUE

Je voudrais dire encore quelques mots sur cette technique morale qui doit compléter la connaissance sociologique. Comment la déterminer? Si la connaissance de la réalité sociologique et morale ne suffit pas à nous guider, deux attitudes restent possibles : ou bien s'abandonner aux impulsions, aux inspirations, ou bien observer les règles de la technique de l'action morale qui, pour les individus affranchis de toutes superstitions métaphysiques ou religieuses, de toute *métamorale,* se dégagent de leur action même. C'est la caractéristique de l'esprit moderne d'admettre l'existence de raisons expérimentales dont les principes et les résultats n'apparaissent qu'à l'homme compétent, au *Fachmann.* Il y a de même une technique plus ou moins inconsciemment appliquée par les *honnêtes gens de tous les partis.* C'est cette technique qu'il faut dégager. Une telle étude enferme évidemment l'étude plus générale de la genèse des sentiments moraux quels qu'ils soient. Pour établir les règles de la technique morale, le moyen qui s'impose d'abord est de s'observer soi-même, et le groupe auquel on appartient. Dans quelles conditions une action, un sentiment moral m'apparaissent-ils, apparaissent-ils aux hommes que je tiens pour compétents, comme rationnels ou définitifs?

J'ai exposé ailleurs quelques-unes des règles que révèle la pratique de l'action morale. J'ai choisi les plus

simples, mais il en est bien d'autres. Je vous signale
le problème pratique suivant, et la solution qu'en
donne, selon moi, l'homme d'action non idéologue.
Dans les décisions à prendre sur des questions de
morale sociale, quel usage faire de l'histoire ou, plus
généralement, comment situer son action dans le temps?
On s'apercevra qu'un préjugé vicie ici nos décisions,
nos méthodes d'action. C'est un postulat plus ou moins
implicitement admis par les intellectuells purs, par les
sociologues en particulier, que la connaissance de l'histoire la plus lointaine est nécessaire pour déterminer
notre action présente. L'idée de l'indéfini du temps a
remplacé pour eux celle de l'éternité. On veut avoir le
temps, l'histoire, comme jadis Dieu, pour soi. Or un
homme sans préjugés théologiques ou philosophiques
qui ne puisera ses règles d'action que dans l'observation
de la réalité et de sa conscience, s'apercevra aisément
qu'il 'a besoin pour agir de connaître avant tout le
présent et le passé prochain, le seul qui, en général,
agisse encore de *façon directe*. Le passé lointain ou
bien est incorporé au présent, ne s'en distingue plus;
telles les influences romaines qui ont pu contribuer à
faire aux Français l'esprit classique. Il suffit alors d'observer le présent pour découvrir les effets du passé. Ou
bien le passé lointain agit encore de façon distincte,
mais il a revêtu une forme vivante, actuelle qu'une
connaissance directe révélera mieux que l'observation
de 'son lointain modèle. Les superstitions, les croyances
mystiques survivantes apparaîtront mieux à l'homme
formé à l'école de la science positive qu'au mythologue.
Celui-ci sera plutôt tenté de subir le prestige du temps
et de voir dans les superstitions actuelles les héritières
d'une vénérable antiquité. L'histoire lointaine est un
moyen précieux d'assouplir l'imagination sociale, elle

ne nous fournit guère de connaissances directement uti-
lisables que le présent ne puisse fournir. Une psychologie de l'action constatera que là vie se recommence
sans cesse, qu'elle est une création continue, que le
centre de perspective pour l'homme d'action c'est le
présent, ou le passé prochain.

On constaterait de même que la prévision non seulement doit être prudente, mais qu'elle est le plus souvent illusoire, qu'elle n'est pas une vision anticipée,
mais la projection sous forme imaginaire d'un sentiment ou d'une croyance. On ne croit pas parce qu'on
prévoit; on prévoit parce qu'on croit. La foi présente,
vivante, crée le monde futur qu'elle porte en elle et
que l'on prend pour l'effet de causes agissant hors de
nous, dans le monde. La vérité nous a été alors révélée
non par des images prophétiques, mais par la foi
interne, la poussée intérieure dont ces images ne sont
que la figuration, la monnaie figurative. Pas plus que
la connaissance du passé lointain, la vision de l'avenir
ne déterminera l'homme d'action. Il se détermine ou
tend à se déterminer aujourd'hui du moins qu'il a vu
ou qu'il tend à voir le néant des apologétiques théologiques, métaphysiques, pseudo-scientifique, d'après la
vision du présent, d'après les suggestions de sa foi
présente, comme le savant d'après les dernières données
de la science.

Voilà un exemple des observations que fournirait une
psychologie de l'action.

En voici un autre qui complète le premier.

Un principe n'est valable pour une conscience morale
que du jour où il se dégage pour elle de l'action ou au
contact de ceux qui agissent. S'il est un devoir que les
consciences actuelles soient unanimes à accepter c'est,
semble-t-il, le devoir de soulager la misère. C'est bien

ici un exemple de ces cas où la poussée des consciences, des institutions, est telle que chaque conscience individuelle semble n'être qu'un flot dans un courant collectif qui l'absorbe et l'entraîne. La connaissance de la réalité sociale montrera que la misère est un fait social endémique, tenant non à des vices privés, mais à l'organisation même du régime économique actuel. La misère apparaîtra comme un fait collectif. De plus, la croyance à ce devoir de soulager la misère humaine constitue avec d'autres, une de ces séries sociologiques dont parle M. Lévy-Bruhl. Car cette préoccupation du bonheur humain, du bien-être économique universel est lié sans doute à l'affaiblissement des croyances religieuses mystiques, qui n'ont laissé à l'idéal d'autre objet que l'homme lui-même. Elle est liée aussi au développement général de la démocratie, l'accession de tous au pouvoir politique entraînant l'accession de tous au bonheur sinon au pouvoir économique, etc. Et cependant, la connaissance de tous ces faits doit se compléter par le sentiment, directement éprouvé, que la misère humaine est intolérable. Et ce sentiment on ne l'éprouvera que si on a subi le contact de la misère, que si l'on a vu, touché du doigt les plaies sociales. Tant que l'individu se bornera à observer les choses en sociologue, jamais, à quelque moment que ce soit, il ne reconnaîtra en lui un principe d'action. Il faut qu'il agisse ou voie agir. Au contact de la vie, le sentiment qui naît complète l'information. A ce moment seulement la science est devenue croyance, principe de conduite. Une psychologie de l'action doit préparer une technique de l'action.

LE RÔLE DE LA CONSCIENCE DANS LA MORALE (1)

La morale proprement dite n'est pas seulement
l'étude des moyens mais des fins, car les fins sont pres-
senties avant d'être objectivement réalisées, et la réalisation qui contrôle le pressentiment, la réalisation de
ma croyance par les institutions, les mœurs, etc., sur-
vient d'ordinaire longtemps après ma mort. Dans les
limites de ma vie, je n'ai pour me guider que ma conscience éclairée par les autres consciences qui m'en-
tourent. Mais toutes les consciences ne se valent pas et
la pratique expérimentale m'enseigne à les distinguer.

J'ai, en attendant que je publie sur ce sujet des
études plus développées, indiqué dans la *Revue de
Métaphysique* de janvier 1904 à propos de la brochure
de M. Emmanuel Lévy sur l'*Affirmation du droit collectif*, le moment précis où se pose le problème de
l'idéal, par opposition au problème sociologique. Pour
montrer que le socialisme entre dans les institutions,
M. E. Lévy tend à établir qu'il se fait sous la forme des
sociétés d'actionnaires, une socialisation continue de la
propriété, que d'autre part le droit du travailleur associé
sur cette propriété est de plus en plus reconnu par la
législation et la jurisprudence. Il croit par là démontrer
que l'évolution juridique conduit d'elle-même à la
démocratie sociale. Mais la seconde courbe dont parle
M. Lévy commence à peine à se dessiner. Car, enfin,

(1) Bulletin de la Société française de philosophie (26 mars 1908).

à peine commence-t-on à reconnaître le syndicat comme le représentant naturel des intérêts ouvriers, bien loin d'y voir comme l'associé ou l'héritier présomptif des sociétés d'actionnaires. L'interprétation large, donnée par M. Lévy, de ce principe de notre législation que le propriétaire doit indemniser celui qu'il lèse par l'exercice de son droit de propriété, ne serait pas acceptée par tous. Ceux qui l'acceptent *veulent* précisément achever la courbe dans le sens indiqué par M. Lévy. Ils pensent que l'usage actuel de la propriété lésant pour ainsi dire automatiquement ceux qui sont à son service on est conduit à transformer à la limite l'indemnité en expropriation. Mais cela dépasse singulièrement les indications de la législation et de la jurisprudence actuelle. Tout au plus peut-on conclure d'observations de ce genre à un certain fléchissement de l'idée romaine de la propriété. Mais il n'y a aucune nécessité que l'évolution s'accentue dans ce sens. En fait la tendance étroitement capitaliste persiste. Ceux qui achèvent le mouvement dans le sens socialiste le font par un besoin de leur *conscience*. Je sais bien que l'on peut justifier la transformation du régime de la propriété par d'autres raisons. Mais toutes ces raisons si objectives qu'elles soient ne nous dispenseront pas d'une décision sentimentale. C'est ici, en l'absence de raisons objectives, qu'inconsciemment nous appliquons les règles de l'action honnête dont une partie sans doute est connue depuis longtemps, dont l'autre caractérise plus spécialement la conscience moderne. J'en signale trois essentielles dont deux au moins étaient ignorées de Mentor, pour parler comme M. Darlu ou de Joseph Prudhomme, comme je l'entendais dire tout à l'heure à un métaphysicien de mes voisins ou même des moralistes du xviie siècle.

1° Une doctrine morale ne vaut que si elle naît dans une conscience désintéressée, informée, détachée de toute théorie qui prétendrait déduire cette doctrine de considérations *extra-morales*.

2° Une doctrine morale ne vaut que si elle a été vérifiée dans et par l'action, au contact du milieu qu'elle concerne.

3° Une doctrine morale ne vaut que si elle vise le présent, j'entends si tous les faits de conscience, présents, passés, et en germe, actions, souvenirs ou rêves, sont concentrés au foyer de la conscience actuelle, intégrés en elle, contrôlés par elle. Il va sans dire que la puissance de concentration varie selon les consciences, comme la portée de la vision selon les yeux. L'humanité jusqu'à ce jour a au contraire vécu pour l'éternité, le passé ou l'avenir. Elle a été mystique ou idéologue — traditionnaliste ou utopiste.

Voilà quelques-unes des règles que l'observation même de l'action honnête me paraissent révéler.

Pour en revenir à l'exemple cité plus haut, il faudra pour savoir si la courbe signalée par M. Lévy doit être achevée par la conscience, faire la psychologie respective des consciences socialistes et antisocialistes. Y a-t-il dans l'un ou l'autre sens, plus de consciences impartiales, informées, dépouillées de préjugés idéologiques, vivantes et agissantes. Il faut en venir à sonder les consciences, à moins de se traîner dans les dissertations, les considérations d'Ecole. On voit la différence d'un livre de sociologue et d'un livre de morale. L'un est impersonnel, l'autre rempli de *personnalités*. La sociologie traite des choses, la morale des consciences qui les font. Une fois entrées dans l'immortalité, les grandes consciences qui ont eu de l'action peuvent être traitées comme des choses. Aussi est-il, aujourd'hui,

enfantin de discréditer le *Contrat social* en rabaissant
le caractère de Rousseau. Une conscience qui, du temps
de Rousseau, se fût posé le problème moral en termes
positifs, aurait, au contraire, dû tenir grand compte
de la psychologie de Rousseau. Flétrir Néron est aussi
puéril que de juger impersonnellement, comme un
facteur de l'évolution, M. Pouget ou M. Paul Leroy-
Beaulieu. Leur psychologie est un des éléments qui
servent à élaborer une croyance actuelle en matière
sociale. Le point de vue de la sociologie est celui de
la mort, le point de vue de la morale est celui de la
vie. Il est bien possible qu'un manuel d'enseignement
doive, à cause de cela, se rapprocher singulièrement
d'un manuel de sociologie, puisque l'enfant n'est pas
encore entré dans la vie. Cependant, il faut lui donner
le sentiment que la réalité morale est pressentie et
sentie, avant qu'elle ne devienne réalité. Mais cette
question dépasse l'objet de notre discussion. M. Durkheim, qui présentait d'abord explicitement ses livres
comme des livres de morale, me semble avoir renoncé
en partie à ce point de vue et reconnu ici même que
les recherches sociologiques appellent un complément
avant d'aboutir à une morale proprement dite.

...Mais qu'arriverait-il si les consciences qualifiées
ne se trouvaient pas d'accord?

— « Alors, et en dernière analyse, je suivrai mon
sentiment éprouvé : c'est le critère ultime. C'est un
caractère extrinsèque de la certitude que l'accord avec
les autres consciences. Je crois au reste que dans les
sciences positives même, indépendamment des solutions
objectives qui s'imposent de plus en plus à tout le
monde, il y a des points sur lesquels n'existe qu'un
accord entre les sentiments des savants compétents et
familiers avec les choses. Si l'entente entre les savants

sur leurs sentiments communs ne se faisait pour ainsi dire d'elle-même, plus aisément qu'en ces matières dont nous parlons, et où les passions humaines sont plus directement intéressées, on se donnerait peut-être la peine d'écrire un traité sur l'intention et le sentiment scientifique.

L'*Introduction à la médecine expérimentale*, de C. Bernard, est bien, en partie, quelque chose comme cela.

...Je crois que nous faisons bien des choses parce que telle est notre vocation ou tel notre tempérament. Un des avantages de ma modeste méthode, c'est qu'elle conduit à le reconnaître sans fausse honte; or l'affirmation sincère de ce que l'on est, vaut l'affirmation d'un principe. Prenons garde que le souci de l'objectivité ne nous incline à la chercher — et à la trouver — où elle ne peut être. La sociologie n'est pas faite, mais on travaille à ce qu'elle soit. La tentation est grande dès lors de couvrir de son autorité les manifestations d'un tempérament conservateur ou révolutionnaire qui n'ont rien à faire avec la science.

Quand on ne conçoit qu'une forme de certitude, on ne se sent en sécurité que si on la possède, et le besoin qu'on en a la crée. Sous la fragile armature de principes prétendus objectifs, je reconnais des sentiments individuels. Il y a des principes objectifs, historiques, acquisitions de la civilisation; il y a sur certains principes d'action, entente plus ou moins directe entre les consciences compétentes; mais il y a des moments où la conscience ne peut que se décider suivant son impulsion, quand après une enquête loyale, cette impulsion résiste invinciblement. Nul ne le conteste dans la vie, mais il y a des solutions d'Ecole, et des solutions d'auteur.

LE DEVENIR ET L'IDEAL SOCIAL

A propos d'une brochure récente (1)

Nous voudrions montrer, par un exemple, que la brochure récente de M. Emmanuel Lévy nous fournira, la différence d'un problème de *sociologie* et d'un problème de *morale sociale;* comment les connaissances sociologiques sont nécessaires, mais insuffisantes pour la solution du second.

Les travaux de M. Emmanuel Lévy sont certainement de ceux que le moraliste peut le plus fructueusement utiliser (2).

M. Emmanuel Lévy est un de ces sociologues qui, groupés autour de M. Durkheim, considèrent avec lui la sociologie comme une branche de la psychologie, comme la psychologie de la conscience collective. Mais M. Emmanuel Lévy s'intéresse moins aux croyances passées et mortes qu'aux croyances contemporaines et vivantes. Et celles-ci même il ne les saisit pas dans ce moment où elles se fixent en institutions juridiques

(1) *L'Affirmation du droit collectif*, par Emmanuel Lévy, professeur agrégé à la Faculté de Droit de Lyon, avec une préface de Charles Andler ; Paris, Société nouvelle de Librairie et d'Edition, 1903.

.(2) Voir, entre autres, du même auteur, sa thèse sur *la Preuve par titre du droit de propriété immobilière* (1896) ; *Responsabilité et Contrat*, extrait de la *Revue critique de législation et de jurisprudence,* 1899, Pichon, éditeur ; des articles bibliographiques dans la *Revue trimestrielle de droit civil.*

définies. Il n'en cherche pas davantage les origines lointaines et primitives. Mais il les suit dans leur devenir actuel, dans ces formes embryonnairees où le droit nouveau s'essaie inconsciemment en quelque sorte avant d'aboutir.

C'est ainsi que dans les relations actuelles, juridiques et sociales, du capital et du travail — telle est la thèse développée dans l'*Affirmation du droit collectif* — se dessine, d'après lui, un droit nouveau de propriété.

M. Lévy montre d'abord — apportant ici à la pensée exprimée par M. Jaurès dans ses *Etudes socialistes* d'importantes précisions juridiques — que la propriété capitaliste se résout de plus en plus en. *une créance collective du capital*. Car dans la société anonyme qui tend à devenir la forme normale de la propriété capitaliste, le propriétaire ne l'est plus — au moins tant que la société dure — d'une machine, d'une maison, d'une *chose*. Il n'a droit qu'à de l'argent, qu'à des profits. Il est non propriétaire, mais créancier.

A cette créance collective du capital s'oppose la *créance collective du travail*. La jurisprudence reconnaît, en effet, que le capitaliste doit des dommages-intérêts à l'ouvrier s'il le renvoie sans motif légitime, quoique le contrat de salaire soit à durée indéterminée. Le capital est responsable encore en cas d'accidents du travail, et on commence à avoir le sentiment que le capital doit payer l'usure ouvrière après la longue tâche de la vie, que l'ouvrier n'a pas plus à payer sa retraite qu'il n'a à payer son salaire. Or ce n'est pas là un droit *nouveau*. En faisant valoir cette créance, l'ouvrier, et avec lui la législation et la jurisprudence ne font qu'étendre l'application de ce principe de notre législation *que nous sommes responsables sur nos biens quand nous causons préjudice en étant propriétaires*. Nous devons indemniser ceux que nous lésons par l'exercice même de notre droit de propriété.

Mais quel droit ouvrier le propriétaire lèse-t-il quand il abuse du travail ouvrier? Ce n'est pas celui du salarié considéré individuellement, simple marchandise, soumis à la loi de l'offre et de la demande; ce n'est pas un droit de l'individu. C'est celui des travailleurs organisés, syndiqués, affirmant leur liberté, leur droit au travail et à la vie, c'est la conscience ouvrière, bien plus, c'est la conscience collective de plus en plus en harmonie avec la conscience ouvrière; c'est un droit collectif. La loi de 1898 sur les accidents du travail — nous nous permettons d'ajouter ce commentaire à la pensée de M. Lévy — marque bien, par ce fait qu'elle met toujours et conformément à un tarif établi d'avance d'après l'échelle des salaires l'indemnité à la charge du patron (1), que l'indemnité est ici conçue comme une créance de la *classe* ouvrière sur la *classe* capitaliste résultant de la condition inégale de ces deux classes.

Ainsi la créance du capital est de plus en plus menacée par la créance du travail qui se paie sur le capital des préjudices que lui cause le capital, du fait de son existence. Jusqu'où s'étendra ce droit de créance du capital? Ce droit tend à monter jusqu'à un maximum correspondant à sa part dans la production (p. 12). Pourquoi? Parce que sans doute on ne sait la limite exacte entre le simple préjudice et l'atteinte au droit (p. 24); parce que tout droit ou plutôt toute croyance au droit veut s'étendre, comme tout ce qui est tend à être, et que par suite les droits du travail tendent à absorber les droits du capital. Le principe du socialisme qui est

_____

(1) Sauf réserves pour les cas de faute lourde de la part de l'employé.

l'organisation collective de la propriété par les travailleurs eux-mêmes est donc en germe dans les principes juridiques, dans les rapports sociaux actuels.

M. Emmanuel Lévy va plus loin : il prétend avoir présenté une justification juridique, *logique* du socialisme (p. 6). Or la conclusion de M. Lévy dépasse ici ses prémisses. Il n'y a aucune nécessité logique à passer de l'observation d'un droit socialiste en germe à l'affirmation du principe socialiste. Les institutions socialistes sont encore embryonnaires. L'ancienne forme du droit de propriété est encore vivante et protégée par la loi. Faut-il que je contribue à favoriser l'évolution socialiste? Cela est possible, cela est peut-être moralement obligatoire, cela n'est pas *logiquement* nécessaire. Je pourrai tout aussi bien réagir contre cette tendance du droit moderne, essayer de réveiller parmi les propriétaires le sentiment somnolent du droit capitaliste. Sans même s'opposer au principe socialiste et tout en approuvant tous les progrès sociaux qui peut-être conduisent à le réaliser, certains esprits reculent devant la formule du socialisme. Par prudence ou par incapacité d'abstraire? Pas nécessairement; mais par la crainte de fixer en une définition trop étroite une idée qui doit rester complexe et ne se déterminer qu'au fur et à mesure des nécessités de l'action. On ne saurait dire qu'ils sont *illogiques*.

D'autre part, on ne se hasardera plus guère à substituer à l'observation des faits sociaux je ne sais quelle idéologie rationnelle, quelle doctrine de droit naturel.

L'affirmation d'un principe social serait-elle donc une pure affaire de cœur? M. E. Lévy l'admettrait moins que personne. Il prétend précisément fournir aux aspirations socialistes une justification rationnelle.

Réglerai-je donc ma décision sur le succès possible ou probable de telle tendance sociale? Mais il y a des

cas où je me déciderai, où je dois me décider contre
le succès. Suivrai-je la coutume ou l'opinion moyenne?
Mais je dois m'opposer parfois à la coutume.

Qu'est-ce à dire, sinon que le problème de l'idéal
social est un problème spécial qui n'est point uniquement un problème sociologique, encore que la solution
en implique la connaissance des faits sociaux; que ce
problème exige pour être résolu une méthode spéciale?
Cette méthode ressemble selon nous en quelque manière
à un méthode expérimentale. La croyance morale n'est
ni un sentiment, ni une idée pure, mais une idée expérimentale. Essayons de faire voir, à propos de la question soulevée par M. E. Lévy, comment cette idée peut
se dégager au contact du réel. Comment résoudrai-je
la question de savoir si et en quel sens je dois affirmer
un idéal socialiste?

Je me demanderai d'abord si les tendances socialistes
signalées par M. E. Lévy sont en harmonie avec d'autres
tendances sociales ou plus précisément socialement
morales, s'il n'y a pas tendance à la socialisation du
pouvoir, à la démocratie politique, à la socialisation
intellectuelle, à la démocratisation du savoir. J'examinerai si, en revanche, ces tendances ne sont pas en
contradiction avec d'autres directions sociales, direction
individualiste ou nationaliste, quelle est celle de ces
directions qui tend actuellement à prédominer, si elles
ne vont pas vers une conciliation, et en quel sens. Je
chercherai l'origine de ces tendances, mais dans la
mesure où je crois que leur passé agit encore. Mon
centre de perspective c'est le présent. Je n'examinerai
pas seulement ce qui se passe dans la masse. J'interrogerai les consciences-types, non point celles qui, méconnaissant l'originalité de la vie collective, veulent la
construire ou la déduire; mais les consciences sincères,

impartiales qui, tout en s'imprégnant de la vie de leur temps, la formulent ou la devancent. Je tiendrai compte à la fois de la quantité et de la qualité des consciences. J'aboutirai ainsi à une détermination de la *force* et de la *direction* des croyances collectives et individuelles relatives au droit de propriété.

Je me demanderai encore quelles seraient, pour les différentes croyances, les conséquences inaperçues de l'adhésion à ces croyances, si, par exemple, je ne risque pas, en les réalisant, de compromettre les intérêts supérieurs de la civilisation, de la science, de l'art, etc. J'essaierai donc de *prévoir*, mais en me souvenant que les prévisions sont difficiles, que d'ailleurs ma conscience n'est pas tenue de se soumettre à l'avenir. Je dois me libérer comme de toute autre de la superstition de la postérité. Ma tâche est limitée, actuelle. Au reste, ce que j'appelle l'avenir, qu'est-ce autre chose que ma croyance même projetée sous forme d'image, le premier, le plus proche effet de ma foi?

Je me demanderai enfin dans quelle mesure, sous quelle forme et par quels moyens l'idée socialiste peut aujourd'hui se réaliser.

Enquête sur la valeur des consciences qui les acceptent, sur les conséquences qu'elles entraînent, sur les moyens d'action dont elles disposent, voilà l'enquête *objective* que je dois tenter sur les croyances sociales.

Mais cela ne suffit pas. Il faut qu'après avoir recueilli tous les renseignements sur les croyances ambiantes, sur leurs conséquences, leurs effets, etc., j'adhère ou non à ces croyances. Lors même que je me bornerais à suivre la direction de la résultante des forces sociales actuelles, encore serait-ce à la suite d'une approbation de ma conscience. Constater n'est pas consentir. Il se peut d'ailleurs que je sente en moi la poussée intérieure

d'une idée nouvelle. Sans doute il est rare qu'un initia-
teur soit isolé : un idéal naît sous forme diffuse dans
des consciences diverses, ou dans des groupes restreints,
mais si je l'accepte, c'est en même temps, au même
titre que mes compagnons de lutte, non parce qu'ils
me sont un modèle, ou qu'une certaine réalité sociale
nous sert de modèle à tous. Si donc un idéal s'impose
irrésistiblement à moi à la suite d'une enquête sincère
et impersonnelle, il est légitime, quoiqu'il ne se révèle
encore par aucun signe objectif ou par des signes imper-
ceptibles. Remarquons-le au reste, dans l'enquête que
j'ai appelée objective, j'ai tenu compte de la *qualité*
des consciences. Je n'ai pas étudié seulement les institutions ou les croyances collectives qui semblent évoluer
comme des forces inconscientes. J'ai étudié aussi les
consciences-types. Je me suis demandé si leur témoignage était impartial, sincère, intelligent, vécu, direct.
Je n'ai pas recherché uniquement la nature et les
causes des institutions existantes ou évoluantes, mais
j'ai essayé de découvrir l'idéal ou le devoir-faire que
ce spectacle faisait germer dans des consciences capables
de s'interroger et d'interroger le réel. Ainsi l'enquête
que j'ai appelée objective, portait non seulement sur
la force des *choses*, mais sur la valeur des *consciences*,
des *adhésions sociales*.

Il faut donc compléter mon enquête par la constatation de ce qui reste, après enquête, en ma conscience,
de *résidu idéal*. C'est ce résidu que j'appelle un principe d'action.

Ce principe sera sans doute celui auquel aboutissent
les consciences qui se trouveront dans la même attitude
que la mienne : l'attitude impersonnelle. Mais tout dans
mes idées n'est pas communicable. Une idée garde, il
faut qu'elle garde quelque chose de la personnalité, du

tempérament de celui qui l'a élaborée. Mon idéal pratique reflètera ma nature intellectuelle et sentimentale. C'est sous cette forme précise, définie, concrète, que je le vivrai, que je le défendrai. L'affirmation du principe socialiste que M. Lévy croit pouvoir déduire logiquement de constatations juridiques, d'un simple rapprochement entre la formule socialiste et certaines institutions contemporaines, ne peut donc être établie qu'à la suite d'une enquête complexe dont nous avons essayé de donner l'idée.

M. Lévy a eu le sentiment du problème. Il a bien compris que l'*idée* avait son rôle en morale. Mais il a confondu cette idée expérimentale avec une conclusion logique. L'indécision sur ce point d'un esprit aussi pénétrant et subtil fixe le moment précis où le problème moral se pose.

Mais M. Emmanuel Lévy fournit aussi à la morale sociale contemporaine des documents positifs et précieux. M. Lévy contribue à faire connaître des croyances sociales ce que nous avons le plus besoin d'en savoir, les transformations insensibles, la logique inconsciente. L'étude de ces transformations n'est pas nécessaire seulement pour déterminer la direction du devenir social. C'est une contribution à cette psychologie des croyances idéales qui seule peut servir de base à une méthodologie de l'action morale.

Dans un élan spontané qui l'étonne lui-même, un homme se reconnaîtra, et il fera entrer dans la zone lumineuse de la conscience ce qui n'était qu'une lueur vague, en affleurant à peine le seuil. De même une société exprime d'abord en gestes inconscients l'idéal qu'avertie elle acceptera peut-être en pleine connaissance de cause. Il importe donc de noter ces gestes.

C'est ce que fait M. Emmanuel Lévy. Ainsi peu à peu nous connaîtrons mieux les conditions dans lesquelles un idéal se révèle à une conscience individuelle ou collective, et nous pourrons fixer avec plus de précision les règles d'une bonne expérience morale, les conditions pour une conscience sincère de sa mise en expérience.

TABLE DES MATIERES

TABLE DE L'APPENDICE

AUTRES OUVRAGES DE M. F. RAUH

Essai sur le fondement métaphysique de la morale,
1 vol. in-8° de la *Bibliohèque de philosophie contemporaine*
(F. ALCAN). — Epuisé.

De la méthode dans la psychologie des sentiments,
1 vol. in-8° de là *Bibliothèque de philosophie contemporaine*
(F. ALCAN).

Psychologie appliquée à la morale et à l'éducation
avec la collaboration de M. REVAULT D'ALLONNES), 1 vol in-18
(3e édition, revue), HACHETTE et Cie).